LAS MUJERES-ESPERA
DE LA MIGRACIÓN
INDÍGENA EN NAYARIT

LAS MUJERES-ESPERA DE LA MIGRACIÓN INDÍGENA EN NAYARIT

Lourdes C. Pacheco Ladrón de Guevara

Universidad Autónoma de Nayarit

Cuerpo Académico Sociedad y Región
Universidad Autónoma de Nayarit
Ciudad de la Cultura Amado Nervo
63190 Tepic, Nayarit
Lpacheco_1@yahoo.com

Número de Control de la Biblioteca del Congreso de EE. UU.:	2013920574
ISBN: Tapa Dura	978-1-4633-7275-0
Tapa Blanda	978-1-4633-7276-7
Libro Electrónico	978-1-4633-7277-4

Fecha de revisión: 12/11/2013

Para realizar pedidos de este libro, contacte con:
Palibrio LLC
1663 Liberty Drive, Suite 200
Bloomington, IN 47403
Gratis desde EE. UU. al 877.407.5847
Gratis desde México al 01.800.288.2243
Gratis desde España al 900.866.949
Desde otro país al +1.812.671.9757
Fax: 01.812.355.1576
ventas@palibrio.com
506737

ÍNDICE

PRESENTACIÓN

Las mujeres sostienen el mundo en vilo, para que no se desbarate
mientras los hombres tratan de empujar la historia
Gabriel García Márquez

El fenómeno de la migración tiene rostro masculino. Cuando pensamos en ella, dibujamos a hombres que salen de madrugada, mochila al hombro, vistiendo pantalones de mezclilla, camisa a cuadros, gorra y tenis. Los imaginamos arriba del lomo de la bestia-tren, de camino por el desierto tras el coyote, en sus intentos por saltar el muro o el río y después, en los campos agrícolas, en las cocinas de restaurantes o en los jardines de casas y edificios; todo esto antes de que los identifique "la migra" y los regresen a casa mientras planean el próximo intento por cruzar las fronteras.

En las últimas décadas diversas investigaciones mostraron el rostro femenino de la migración, nos dijeron que las mujeres también se van "al norte". Así, se documentó cómo en primera instancia se fueron tras la pareja con el fin de evitar el olvido: del envío, del amor, de la prole. Después, comenzamos a ver cómo y en qué se empleaban y cómo organizaban la cotidianidad; otros estudios dieron cuenta de mujeres que se fueron solas, algunas dejando hijos al cuidado de las abuelas y hermanas, otras, sólo las expectativas de las remesas y el regreso. Así, se visibilizaron las comunidades y familias transnacionales: el terruño y los afectos reconstruidos más allá de las fronteras espaciales.

Hoy, y gracias a investigaciones como la de Lourdes Pacheco, sabemos que la migración femenina tiene diferentes rostros y aristas. Migran las jóvenes y las ancianas; las profesionistas; solteras, casadas, viudas y divorciadas, migran solas, con hermanas, hijas y vecinas; y las remesas se destinan a construir la casa, sí, pero también al negocio, a la fiesta, a las tierras, a la escuela de los otros o a la supervivencia de todos y todas. Y algunas, migran y no regresan. A últimas fechas, otro fenómeno de lo migratorio ha cobrado relevancia: quienes permanecen en las comunidades expulsoras. Al principio, se documentaron pueblos sin hombres; luego, pueblos de abuelos/as y niños/as; a la postre, pueblos fantasma; hoy, se rescata la mirada de quienes permanecen porque sus redes, su capital social, su capital económico, su cosmogonía o sus compromisos no les permiten abandonar el terruño. En esta entrega, Lourdes documenta cómo se vive el permanecer entre las mujeres indígenas de Nayarit.

Las mujeres-espera de la migración indígena en Nayarit es un escrito que rescata otros rostros y nuevas situaciones e intersecciones de los movimientos de personas en la búsqueda por abrir horizontes; todo esto entre sujetos, si no olvidados, sí desdibujados en las sociedades actuales: indígenas, concretamente, mujeres indígenas. Mujeres que paciente o impacientemente esperan al que se fue. Mujeres que sostienen en vilo la casa mientras que sus hombres intentan empujar el mundo.

Sobre la migración indígena mucho se ha escrito: de la migración chatina a las carolinas, la zapoteca a California, de mixtecos poblanos a Nueva York o los nahuas guerrerenses, a Houston. Hay cifras, rutas, análisis de redes, monto de remesas, análisis de la migración de retorno, cuántos monolingües y cuántos bilingües, el idioma como referencia y la pertenencia a la etnia como característica de la movilización. Casi todo en masculino.

Desde las comunidades wirrárikas y najerij, Lourdes nos relata cómo aquellas que se quedan se convierten en mujeres-espera. Esperar al marido, esperar por la remesa, esperar la carta, la llamada telefónica, el correo electrónico. Esperan también los beneficios de los programas sociales, la infraestructura prometida, los ciclos agrícolas; esperan que crezca el niño para llevarlo consigo al trabajo agrícola o que crezca la niña para incorporarla a la costumbre. El esperar se convierte en modo de vida.

Documentar el mundo femenino no es tarea fácil: hay tantos mundos como mujeres; *Las mujeres-espera de la migración indígena en Nayarit* pone sobre la mesa las estrategias del eterno femenino en el cómo se construye la vida, ciudadanía, las relaciones de género entre los pueblos originarios. Y también, rescata puntos rezagados en la agenda feminista: la otredad indígena en sociedades mestizas, la feminización de los procesos migratorios, las intersecciones entre género e interculturalidad.

Sirva esta entrega de Lourdes Pacheco para profundizar, parafraseando a Rosario Castellanos, en el conocimiento de *Otro modo de ser humano y libre. Otro modo de ser.*

Laura Isabel Cayeros López

INTRODUCCIÓN

La Sierra Madre Occidental ha dejado de ser un territorio aislado debido al estrechamiento de las distancias ocurridas a partir de la migración. La inaccesibilidad de la montaña ha dejado paso a un acercamiento a procesos sociales y de trabajo que ocurren en otras partes geográficas con distintas cargas culturales. Aún cuando las autoridades tradicionales indígenas se esfuercen por continuar celebrando las ceremonias tradicionales dentro de espacios acotados por la tradición, en las cuales prohíben el acceso a medios de comunicación en un intento de preservar lo propio, la introducción de pautas nuevas ocurre por diversos procesos[1]. Es como si la propia Sierra Madre Occidental se convirtiera en un espacio con una territorialidad múltiple donde lo múltiple se refiere al conjunto

---

[1] Las autoridades de la Celebración de la Judea o Semana Santa de Jesús María, Nayarit, prohíben todo tipo de grabación por cualquier medio de sus celebraciones, aún las anotaciones escritas durante el tiempo que dura la celebración. En caso de violación a las normas indias se aplican castigos corporales severos. Las autoridades de Tuxpan de Bolaños penalizan la toma de fotografías o películas de sus ceremonias tradicionales a personas ajenas a la comunidad. Sólo los propios pobladores, con autorización de las autoridades pueden tomar registros. En ocasiones también se evita la presencia de pobladores ajenos a la comunidad.

de procesos sociales, económicos, políticos, comunicaciones y culturales que transitan entre ella y los espacios fuera del país a donde se trasladan los pobladores indios.

Las identidades inamovibles de género, los lugares jerárquicos asignados en función de la edad, la gerontocracia de las autoridades, son elementos pertenecientes al ámbito de los pueblos indios. La propia celebración de la costumbre sería impensable sin los flujos de dinero que acarrea la migración internacional. La estratificación social basada en el parentesco, la edad y el sexo tiene, en la migración, uno de los pilares para su sostenimiento.

Las migraciones internacionales de los indios ocurren dentro de las relaciones de reciprocidad con que los pueblos construyen el sentido comunitario. Así debe entenderse la pertenencia a grupos familiares a través de los cuales los pobladores realizan peregrinaciones rituales en la vasta geografía sagrada del grupo, celebran fiestas comunitarias en los lugares ceremoniales y emprenden el viaje a la frontera norte del país. Es la reutilización de relaciones previamente establecidas las que permiten a los indios transitar en la migración.

Hoy, los pueblos indios de la Sierra Madre Occidental pertenecen a dimensiones trasnacionales[2] ya sea porque directamente se trasladen a pueblos más allá de las fronteras geográficas o porque los hogares cuenten con uno o varios migrantes. De cualquier manera, una de las regiones de mayor aislamiento geográfico y cultural de México, ha iniciado su incorporación al flujo de migrantes internacionales que hoy le dan una nueva fisonomía al mundo en el incesante ir y venir de pobladores.

---

[2]   Barabas, **Alicia M. 2006.** " Traspasando fronteras:los migrantes indígenas de México en Estados Unidos", *Amérique Latine Histoire et Mémoire. Les Cahiers ALHIM*, 2 | 2001, [En línea], Puesto en línea el 13 enero 2006. URL : http://alhim.revues. org/index605.html. Consultado el 28 febrero 2013.

La migración india ha significado contar con remesas monetarias para los pueblos de origen de los migrantes. Sin embargo el acceso a las remesas está lejos de ser un trámite directo y fácil. Ello se explica si se toma en cuenta que los destinatarios principalmente son mujeres, las cuales en su mayoría son monolingües, viven en localidades aisladas geográficamente en donde no existen sucursales bancarias o servicios de cambio de divisas. Esta situación ocasiona diversos problemas para el acceso a las remesas, entre los que se cuentan: 1) problemas de comunicación: los migrantes tienen que buscar la manera de contactar a sus familiares en el pueblo de origen para comunicarle el envío de remesas. Esta comunicación ocurre a través de telefonía rural la cual opera de manera irregular, la señal es interrumpida frecuentemente y los enlaces telefónicos con las casetas rurales requieren de mensajeros que no siempre trasmiten bien las comunicaciones, sobre todo en localidades aisladas a donde llega la información con varios días de retraso; 2) problemas de acceso económico: la carencia de servicios de cambio de divisas ocasiona el endeudamiento en las tiendas de la localidad (propiedad de mestizos) quienes, al final de cuentas, son los destinatarios reales de las remesas ya que tienen más facilidades para acudir a los centros urbanos a cobrar las órdenes de pago; 3) problemas de acceso cultural debido a la falta de familiaridad con los trámites de cambio de divisas en establecimientos fijos de las ciudades. En los casos en que las mujeres acuden a las ciudades para el cobro de divisas puede ocurrir que acudan en horarios fuera de servicio o que por carencia de credenciales no sea posible llevar con éxito el cobro[3]. El conjunto de dificultades ocasiona la práctica de endeudarse en los comercios locales como una manera de solucionar los problemas diarios de

---

[3]   Pacheco, Lourdes. 2005. "Remesas en comunidades indígenas de Nayarit. Uso de remesas por mujeres indígenas" en *Memoria del* Quinto Congreso Balance y Perspectivas del Campo Mexicano de la Asociación Mexicana de Estudios Rurales, A. C., Universidad de Oaxaca, (CD).

sostenimiento del hogar aún cuando se pague un alto fijado por los comerciantes del lugar.

No obstante lo anterior, las migraciones internacionales a la frontera norte del país y a los Estados Unidos han permitido contar con recursos para la sobrevivencia familiar que de otra manera no se tendrían en las comunidades de origen. Si bien es cierto que existen dificultades para el cobro de las remesas, también lo es que significa contar con la posibilidad de tener recursos. De ahí que para las familias que permanecen en la comunidad, tener un migrante en los Estados Unidos signifique contar con crédito abierto en las tiendas de la localidad.

La migración también permite contar con posibilidades de pequeños negocios familiares. En las comunidades nayerij, sobre todo, los migrantes logran conjuntar ahorros e invertir en el comercio al menudeo. Ello les permite completar ingresos con las actividades agrícolas comunitarias o derivadas de la migración.

Los wixarikas, en particular, tienen un modo de vida centrado en el calendario religioso por lo cual priorizan la celebración de las costumbres durante todo el año. La vida productiva es importante en la medida en que se garantiza la celebración de las festividades religiosas de ahí que las migraciones internacionales sean una manera de obtener recursos monetarios que permitan cumplir con la costumbre. En el pueblo wixarika el sistema de cargos de la costumbre obliga a todos los hombres adultos del grupo a formar parte de él durante un periodo largo de su vida, puesto que los hombres jóvenes inician en el cargo de *topiles* (policías), el cargo más bajo en la estructura de cargos, culmina en el cargo de Primer Gobernador y permanecen en el Consejo de Ancianos durante toda la vida posterior a su cargo de Gobernador. Durante todo ese tiempo, los hombres participan de la organización del grupo, la impartición de justicia, el ordenamiento de la vida cotidiana, pero sobre todo, en la realización de la celebración de las distintas ceremonias del calendario ritual. Son estos compromisos anuales los que provocan la necesidad de contar con dinero a fin de hacer frente a los gastos generados por el cargo. Las mujeres participan en cuanto esposas de los hombres. Los cargos son masculinos pero se ejercen en pareja.

El éxodo al norte se realiza a partir del calendario ritual y del calendario de siembras. La larga tradición de peregrinaciones sagradas indicó a los pueblos indios los tiempos en los cuales podían ausentarse de la comunidad sin que se alterara el ciclo de siembra, de ahí que ese mismo calendario de peregrinaciones hoy es utilizado para fijar el tiempo en que pueden salir de la comunidad a trabajar, sin que se alteren los ciclos de trabajo locales. Ello ocurre porque las peregrinaciones a los lugares sagrados pueden ser realizadas en vehículos y con ello acortar el tiempo del traslado, mismo que es utilizado en la migración laboral. Además, el establecimiento de redes de apoyo para la migración a base de parientes, paisanos y miembros de los pueblos indios, proporciona rutas específicas por donde transita la migración internacional india, les otorga los primeros contactos y suple a la comunidad en sus funciones de cobertura, apoyo y protección.

El presente libro presente los resultados de la investigación realizada en la Sierra Madre Occidental, durante la primera década del siglo XXI. Espero que las reflexiones vertidas permitan un mejor acercamiento a la realidad de las mujeres de la migración.

La investigación fue apoyada por El Consejo Estatal de Ciencia y Tecnología de Nayarit (Cocyten), convocatoria 2003. Proyecto de investigación *Remesas de indígenas migrantes y desarrollo de la región serrana. Impacto en mujeres y familias de la localidad de origen.*

Lourdes C. Pacheco Ladrón de Guevara

CAPÍTULO 1

Migración indígena:
las mujeres de la espera

Introducción

Las migraciones internacionales de *wixarikas o huicholes*, *nayerij* y *o´dam* han originado transformaciones de las comunidades de origen tanto en la integración cultural como en el consumo y la organización social. En el presente texto se realiza una caracterización de los municipios indios de la Sierra Madre Occidental así como se puntualizan las principales temáticas relacionadas con las remesas y el desarrollo de esa región, a partir de las características étnicas de los pobladores. Los estudios sobre la migración indígena poco han mostrado sobre lo que ocurre con las mujeres de los migrantes. El presente documento trata sobre la migración como violencia simbólica, parte de la cultura en la cual los migrantes se reconocen, acentúan sus diferencias de género y reproducen las asimetrías.

La teoría del sistema global sostenida por Wallerstein (1996) y otros sociólogos, centra el enfoque de la emigración en la penetración del capitalismo en todos los rincones del planeta en busca de riqueza, materias primas y beneficios ilimitados. Este

17

proceso dio origen a la movilidad geográfica de las poblaciones asentadas en las áreas periféricas (Malgesini, 1998).

Si derivado del proceso de conquista los indios fueron reducidos a zonas geográficas específicas donde permanecieron más o menos estables hasta la década de los sesenta del siglo XX, para la década de los noventa, los indios presentan la mayor movilidad en la población mexicana. Su éxodo de los lugares de origen puede ser equiparado a la emigración campo-ciudad ocurrida en México de los años 40′s a los 60′s.

Hasta la década de los ochenta, la migración de los indios de la Sierra Madre Occidental, compartida por Nayarit, Jalisco y Zacatecas, se había caracterizado por ser una migración estacionaria a los cultivos de exportación del Pacífico Occidental, en particular al tabaco, cultivo establecido en ese territorio a mediados del siglo XX. Por lo tanto, prácticamente no existía migración hacia los Estados Unidos y la frontera norte desde las comunidades *wixarikas* (huicholas), *nayerij* (coras) y *o′dam* (tepehuanas). Sin embargo, la lógica del mercado establecida a partir de la década de los ochenta, pero sobre todo, agudizada en los noventa, ha dado por resultado nuevas emigraciones desde los municipios serranos hacia los Estados Unidos.

El trabajo de campo se realizó en la localidad de Presidio de los Reyes, del municipio de Ruiz, Nayarit, localidad *nayerij* o cora. Presidio de los Reyes es una localidad de la cora baja, por lo que su ubicación a la entrada de la Sierra Madre Occidental, la ubica en una excelente posición para conocer la dinámica de migración de la población indígena. Además de lo anterior, la comunidad lleva a cabo las festividades relacionadas con su costumbre, lo cual es una fuente inapreciable de información relacionada con la migración y la cultura.

La investigación tiene carácter cualitativo por lo que se priorizó la participación en la comunidad a través de observación directa y la realización de entrevistas a mujeres vinculadas a migrantes. Generalmente, las entrevistas se llevaron a cabo en el domicilio de la mujer indígena, conversación que era alternada con la realización del trabajo doméstico y la atención a los que llegaban a preguntar o solicitar algo. Las entrevistas fueron realizadas a madres, esposas, amantes, hijas y hermanas de emigrantes. También se realizaron entrevistas a varones migrantes y no migrantes.

En el aspecto teórico se retoma la propuesta de *habitus* y *campo* para explicar la migración dentro de las relaciones de género de la población indígena como uno de los mecanismos que refuerzan la dominación masculina en general y la violencia física, social y simbólica en particular.

Migración y teoría cultural

La migración es un mecanismo social que reproduce y amplía las relaciones asimétricas de género. Para Durand (1993) el "verdadero impacto de la migración" en México consiste en que la población de una gran cantidad de localidades rurales y urbanas han aprendido a integrar el fenómeno a su manera de sobrevivir y han incorporado nuevos valores aprendidos durante la migración, a su vida cotidiana. Se denomina "cultura de la migración" porque forma parte del repertorio cultural de una amplia región del país. La "cultura migratoria" es un sistema integrado de "normas, valores y sanciones que regulan la actividad migratoria" y que ha sido producto del perfeccionamiento de los "mecanismos de socialización que permite a los nuevos migrantes integrarse al flujo con facilidad y manejarse en sus circuitos" transnacionales (Durand, 1993). Diversos autores han señalado los cambios que se han generado dentro de los sistemas de normas, sanciones y valores. Sin embargo, las relaciones de género si bien se ven trastocadas, tienden a fortalecerse con la migración.

A través del concepto de *habitus* es posible acercarse a la construcción del fenómeno de la migración, en la cual se integre la perspectiva social y la individual. Para ello, se busca entender el proceso de "naturalización" de la migración, la forma como los sujetos se han apropiado de un fenómeno social, histórico y económico hasta el punto de asumirlo como construcción propia, es más, como decisión individual. En el campo de las relaciones de género, el concepto *habitus*, nos ayuda a entender la forma en que los hombres y las mujeres actúan en la migración, desde una subjetividad socializada y determinada históricamente. De ahí que el concepto nos acerque a explicar la forma en que las migrantes se relacionan con el mundo a través de la migración, cómo se explican a sí mismas y a las relaciones que construyen con los otros y otras de la migración o de la espera.

El *habitus* es una subjetividad colectivizada por lo que está determinado social e históricamente. En el primero, el sentido del proceso de socialización o sea la internacionalización de las estructuras sociales, ocurre como un acontecimiento individual y colectivo. En el segundo, en el sentido en que esas estructuras han sido creadas por generaciones anteriores. Como dice Bordieu: de un lado reproduce los condicionamientos sociales, pero al mismo tiempo constituye un productor de prácticas sociales, una gramática generadora de prácticas. (Bordieu,1997: 20)

Los individuos adoptan una serie de prácticas que aparecen a sus ojos como "naturales" pero, que sin embargo, han tenido que ser aprendidas dentro de un contexto determinado. Es más los individuos individualizan sus acciones en un proceso del cual surgen como sujetos, actores sociales en donde las competencias que despliegan son aquellas necesarias para desenvolverse con la habilidad requerida para esas relaciones. Las prácticas sociales aparecen como espontáneamente adaptadas al medio, casi como acciones espontáneas e irreflexivas, sin embargo, han sido objeto de una interiorización, y aparecen como el resultado de las condiciones objetivas y subjetivas de acuerdo a la posición social ocupada en cada caso.

Los migrantes se convierten en dispositivos disparadores de la propia migración ya que su narrativa individual es parte de la narrativa colectiva de la migración en donde otros migrantes se reflejarán. Al regresar a sus lugares de origen compartirán las aventuras, los avatares de la llegada, las circunstancias de la contratación, la forma de pasar el tiempo libre, de tal manera que la migración futura estará mediada por el discurso de los migrantes que regresan, que escriben, que hablan a través de la telefonía rural o digital y escriben correos electrónicos a sus paisanos.

"Lo que más se me hizo difícil al cruzar, fue el agua, me llevé un garrafón, me llevé cuatro. Tengo veinticinco años y ya me he ido dos veces. Duré caminando en el desierto tres días para llegar a Estados Unidos. Llegué a un pueblito llamado Eloy de allá. Está lejos pero llegué. Nos fuimos catorce de aquí del pueblo, allá ya tienes un contratista ya tienes quien te lleva, el trabajo" (Lamas, 2008).

Migración y familia

Bourdieu toma el concepto *campo* de la física para establecer espacios homogéneos dentro de los cuales se generan interacciones. El *campo* refiere, al mismo tiempo, a un espacio de posiciones y a un conjunto de trayectorias. La familia es tomada en el presenta caso, como un campo particular puesto que los individuos se sitúan en relaciones de parentesco a través de relaciones compartido y a partir de ellas, se esperan y siguen determinadas trayectorias. Estas sin embargo, a pesar de que son "trazadas" por el conjunto de la familia, tienen un margen de libertad a partir de la cual se modifican en el transcurso de la vida, conservando, no obstante, la vinculación con el origen.

Cuando la familia entra a la migración, los sentidos que ello adquiere diferenciados por género no son los mismos. Para los varones, la migración es parte de las hazañas que deberán realizar en torno al afianzamiento de su masculinidad, ya sea porque le permita seguir siendo un hombre proveedor o porque refuerce la virilidad, de ahí que esté fuertemente vinculado a la representación de lo que significa ser joven varón en un contexto determinado. Para las mujeres, en cambio, la migración es parte del sacrificio, de la espera con la que la mujer habrá de singularizarse. Este sacrificio tiene que ver con vivir dentro de relaciones familiares impuestas en una familia que no es la propia, (casi siempre la casa de los padres del esposo) y pasar las pruebas de espera impuestas por la migración.

La espera puede referirse al padre, al esposo a los hijos. En cualquier caso, es dentro del contexto de la familia como los discursos de la migración encontrarán un sentido y aún más: serán producidos como discursos pertenecientes a cada miembro de la familia. El análisis detallado permite ve que cada miembro de la familia asume su propia trayectoria como formada por las decisiones tomadas por ellos en cada caso, es decir, surgen como productos individuales, producto de decisiones individuales y por tanto, naturalizadas. Sin embargo, esas decisiones deben verse como el producto de condiciones objetivas y subjetivas. Desde este punto de vista, el discurso familiar es un discurso institucional que dispone de los medios necesarios para crear sus propias condiciones.

La *violencia simbólica* es todo poder que logra generar significaciones e imponerlas como legítimas disimulando las relaciones de fuerza en que se funda su propia fuerza (Bourdieu, 2001:20) De acuerdo a este autor, el orden social sólo se puede mantener a partir de la anuencia de los dominados ya que se otorga al dominante la posibilidad de ejercer esa dominación, se cede una parte de la autonomía.

La *violencia simbólica* se naturaliza porque tanto los dominantes como los dominados disponen del mismo dispositivo cultural para pensarse o mejor dicho, el uno no puede pensarse sin el otro en esas relaciones específicas asimétricas que se presentan como naturales pero que son el resultado de la incorporación de las clasificaciones, discriminaciones y marginaciones (Bourdieu, 1999: 225). La familia reproduce la violencia simbólica al transmitir las competencias de la migración, al propiciar a sus miembros los aprendizajes necesarios para migrar.

Bordieu y Passeron (2008) se refieren a la acción pedagógica de la *violencia simbólica* dentro de las relaciones de comunicación de la familia, en la reproducción de las condiciones sociales de la migración como imposición y en la inculcación de valores positivos asociados con la migración. Aún más, la violencia simbólica abarca aún a los que no migran, ya que ellos también están expresados en el mismo dispositivo cultural de la migración. En el caso de los que no migran, se expresan como carencia: los que no han migrado. Es claro que la *violencia simbólica* es uno de los mecanismos que fortalece las diferencias entre los géneros, debido a la forma desigual de participar en la migración: para los hombres es una hazaña, herederos de los héroes mitológicos donde las heroicidades se obtenían en la búsqueda de aventura. Para las mujeres de la espera, es un sacrificio, de ahí que la diferencia de discursos opere como violencia simbólica en ambos casos, pero de manera más desigual, en el caso de las mujeres. En la construcción y propagación de esos discursos participan tanto los hombres como las mujeres, puesto que la interiorización de los discursos los hace asumirlos de manera natural, las resistencias ante el discurso, son pocas.

Características culturales de los pobladores indios

Se denomina pueblo a los grupos sociales que comparten determinados rasgos culturales, entre los más importantes, la lengua y la religión. En este texto se entiende por pueblo indio a los grupos originarios del continente americano sobrevivientes de la colonia española y que comparten la misma lengua, religión y sistema de organización.

Los indios, miembros de los pueblos indios originarios han sobrevivido entre inhóspitos terrenos mostrando la fortaleza de su cultura. Han hecho de la montaña un territorio sociocultural en el cual reproducen una cultura milenaria basada en el intercambio de la naturaleza y la sociedad.

Durante los últimos 500 años los indios han sido confinados a vivir en el abrupto terreno de la Sierra Madre Occidental pero la extensión de la civilización mestiza cada vez más los obliga a dejar esos parajes ante la necesidad de explotación de los recursos naturales existentes en esa zona. Los indios ven invadidos sus terrenos debido a la existencia de riqueza en sus recursos naturales.

De ahí que para el inicio del tercer milenio los indios se encuentran entre la población con mayor movilidad: han sido obligados a dejar sus regiones para asentarse alrededor de los núcleos urbanos y trasladarse a regiones alejadas de sus zonas originarias.

La Sierra Madre Occidental es un vasto terreno pluriétnico. Un mismo territorio es habitado por coras y huicholes, y en menor medida, por tepehuanos y mexicaneros (o hablantes de náhuatl). La coexistencia de los pueblos indios en un mismo territorio es una muestra de la posibilidad de convivencia de culturas distintas en un mismo territorio sin que una de ellas intente la desaparición de las otras ni la asimilación a sus propios valores.

Los pueblos indios se encuentran asentadas en la Sierra Madre Occidental de donde se desprenden las sierras de Acaponeta, Acatán, Nayar, Barbería y Yesca. Los terrenos son de difícil acceso y carecen de vías de comunicación.

La tierra cultivable está integrada en su mayoría por tierra de temporal, muy pocas de humedad y escasas de riego. En este tipo de terreno se realiza agricultura de temporal. También se registran tierras dedicadas a agostadero. Las comunidades indias tienen recursos forestales los cuales son aprovechados en una economía de subsistencia que ha impedido el deterioro de tales recursos.

El área no cuenta con infraestructura carretera que la vincule con los principales centros urbanos de la Entidad. En algunas regiones, el acceso sólo es posible por caminos de herradura, de a pie o por aire. Desde la década de los setenta se inició la construcción de la carretera Ruiz-Zacatecas que atravesaría la Sierra Madre Occidental pero a principios del dos mil uno existe como camino de terracería.. Existen pistas de aterrizaje para avionetas en las localidades más grandes: Mesa del Nayar, Jesús María, Gavilanes, Huaynamota, Santa Teresa, Guadalupe Ocotán, San Juan Peyotán, San Andrés Coamiata, Bolaños y otros (Pacheco, 1997).

También carecen de servicios, desde los relacionados con el telégrafo y el teléfono hasta la dotación de agua potable, energía eléctrica, hidrocarburos, sistemas de comercialización, educación y salud. La cobertura de los servicios de salud es mínima, como se muestra en el siguiente cuadro:

Porcentaje población india sin derechos a servicios de salud en localidades con 40% y más de población indígena por municipio de la Sierra Madre Occidental, México, 2010

Estado/Municipio	% Sin derechohabiencia a servicio de salud
Total	
Jalisco	**34.5**
Bolaños	26.9
Chimaltitán	16.5
Huejuquilla el Alto	27.3
Mezquitic	43.3
San Martín de Bolaños	19.0
Villa Guerrero	33.9
Nayarit	**22.7**
Huajicori	34.1
Del Nayar	28.4
La Yesca	25.3
Zacatecas	**30.4**
Valparaíso	36.8

Fuente: Censo general de población y vivienda, 2010, INEGI.

En algunas regiones de la Sierra Madre Occidental se tienen instalaciones de telefonía rural con deficiente servicio. Apenas unas cuantas radiodifusoras pueden ser captadas en algunos lugares de la región por lo que puede considerarse como una región aislada del resto de la Entidad. En la década de los noventa se estableció la radiodifusora La Voz de los Cuatro Pueblos en Jesús María, la cual sirve de enlace entre las poblaciones serranas ya que transmite mensajes en cora y huichol desde la cabecera del municipio de El Nayar. El sistema de comunicación usual es el envío de recados a través de las personas que viajan constantemente a la Sierra y el envío de mensajes por radio. En algunas localidades se cuenta con planta de luz eléctrica que funciona parcialmente durante el atardecer. A partir de 2003 se inició el servicio de luz eléctrica en la cabecera municipal de El Nayar.

El Consejo Nacional de Población considera a los doce municipios mencionados como de marginalidad muy alta y alta. Para tal consideración toma en cuenta aspectos relacionados con ingresos familiares, proporción de personas que habitan en zonas rurales y dedicadas a actividades agropecuarias, niveles de escolaridad, tipo de vivienda y otorgamiento de servicios, índice de fecundidad y nivel de expulsión de población (CONAPO, 2010). Se les considera también como municipios de expulsión de población.

Las características de aislamiento aunado al fortalecimiento de la organización social y religiosa de coras, huicholes y tepehuanos, han dado como resultado la existencia de culturas vigorosas en la Sierra Madre Occidental. A ello contribuyó la colonización tardía de esa región ya que coras y huicholes no fueron obligados a participar en los sistemas de encomienda y otras formas de trabajo forzado impuestos por los españoles, lo cual, en otras regiones, favoreció la mestización de los indios.

La cultura resultante es una compleja organización que permea todas las actividades de los miembros del pueblo indio. A lo largo de quinientos años, los grupos étnicos han incorporado diversos elementos proveniente de la cultura occidental dentro del sistema de valores de su propia cultura. El sincretismo religioso muestra una correspondencia entre los espíritus o poderes sobrenaturales de las antiguas divinidades indias con los santos del santoral católico. Los espíritus antiguos de coras, huicholes y tepehuanos estaban vinculados a las fuerzas de la naturaleza, las cuales debían ser dominadas e invocadas, pero carecían de representación simbólica. Las representaciones de los santos católicos vinieron a darles cuerpo y forma a las divinidades antiguas.

La cultura india es de transmisión oral y la costumbre implica cumplimiento. De ahí que la cultura se materialice en cada acto de la vida privada y colectiva de los indios Cada indio es el portador de la herencia cultural de todo el grupo.

Los municipios indios de la Sierra Madre Occidental

Los doce municipios que integran la región Cora - Huichol - Tepehuana comparten características comunes. La primera de ellas es la existencia de población perteneciente a los pueblos indios huichol, cora y tepehuana. Ello convierte a la zona en un territorio multiétnico donde conviven pobladores con culturas diferentes capaces de habitar y compartir un mismo espacio geográfico.

Entra Mapa1.jpg
Entra Mapara2.jpg

Población india

La cultura predominante es la huichol, seguida de la cora y en tercer lugar, la tepehuana. En los municipios indios viven aproximadamente 180 mil pobladores indios mayores de 5 años, lo que representa el 2.1% de toda la población de las tres entidades federativas.

Población total e indígena de 5 años y más, por municipio de la Sierra Madre Occidental, según lenguas predominantes, 2010

No. Estado/ Municipio	Estado/ Municipio	Población Total Total	Indígena Total	Indígena %	Lengua 1	Lengua 2
	Total	**10,087,977**	**155,516**	**1.54**	**Huichol**	**Cora**
14	**Jalisco**	**7,350,682**	**51,702**	**0.70**	**Huichol**	**Náhuatl**
19	Bolaños	6,820	3,777	55.38	Huichol	Otomí
25	Colotlán	18,091	271	1.49	Huichol	Náhuatl
31	Chimaltitán	3,771	45	1.19	Huichol	Náhuatl
42	Huejuquilla el Alto	8,781	494	5.62	Huichol	Tepehuano
61	Mezquitic	18,084	11,591	64.09	Huichol	Náhuatl
76	San Martín de Bolaños	3,405	96	2.81	Huichol	Zoque
104	Totatiche	4,435	36	0.81	Huichol	Purépecha
115	Villa Guerrero	5,638	260	4.61	Huichol	Cora
18	**Nayarit**	**1,084,979**	**49,963**	**4.60**	**Huichol**	**Cora**
5	Huajicori	11,400	1,465	12.85	Tepehuano	Cora
9	Del Nayar	34,300	25,179	73.40	Cora	Huichol
19	La Yesca	13,600	4,990	36.69	Huichol	Cora
32	**Zacatecas**	**1,490,668**	**4,929**	**0.33**	**Tepehuano**	**Huichol/ Náhualt**
49	Valparaíso	33,323	718	2.15	Tepehuano	Huichol

Fuente: Censo general de población y vivienda, 2010, INEGI.

El peso que tiene la población india es diferente en cada entidad y aún, en cada municipio. Por ejemplo, en Jalisco reside el mayor número de pobladores indios en números absolutos: 75, 122, pero dado el tamaño de la población de Jalisco, la proporción de población india es de 1.2%. Por su parte, en Nayarit residen 56,172 pobladores indios, lo que representa el 6.1% de la población total. En Zacatecas residen 4,039 pobladores indios, ellos representan el 0.3% de toda la población.

Al interior de los municipios, el peso de la población indígena es también heterogénea. Existen municipios donde la población india es marcadamente predominante, como el municipio de El

Nayar en Nayarit, donde la población cora es de 86.8%, lo que lo convierte en un municipio prácticamente indígena. En Mezquitic y Bolaños, la población india es de más del 50% pero menos del 70%. En el resto de municipios, el resto de la población india tiene relevancia diferente, sin embargo, en los doce municipios seleccionados, la presencia de población india le otorga la característica a esos municipios.

Los municipios de Nayarit presentan la mayor proporción de población india ya que los porcentajes van de 23.9% en Huajicori, 34.2% en La Yesca y 86.8% en El Nayar.

Asistencia escolar

De acuerdo a los datos disponibles de la población india por municipio. En la zona se tiene una asistencia escolar de la población en edad escolar de 81.8%. La capacidad del sistema educativo para incorporar a la población india al sistema escolar es alta, toda vez que se ha aumentado la cobertura del sistema escolar formal en la zona india de la Sierra Madre Occidental. Sin embargo, los datos relacionados con el abandono escolar muestra una realidad que tiene que ver con la incapacidad del sistema escolar para retener a la población.

Población indígena de 6 a 14 años, según condición de asistencia escolar por municipio de la Sierra Madre Occidental, México, 2010

No. Estado/ Municipio	Estado/ Municipio	Asistencia Escolar y Alfabetismo				
		Total	Asiste	%	No asiste	%
14	**Jalisco**	**1,299,001**	**1,230,495**	**94.7**	**68,506**	**5.2**
19	Bolaños	1,700	1,468	86.3	232	13.6
61	Mezquitic	4,600	3,617	78.6	983	21.3
18	**Nayarit**	**188,276**	**180,377**	**95.8**	**7,899**	**4.1**
9	Del Nayar	8,798	7,623	86.6	1,175	13.3

Fuente: Censo general de población y vivienda, 2010, INEGI.

Además, de la población de 15 años y más 21 20.2% es analfabeta, lo cual refiere condiciones de desventaja de la población en edad de trabajar.

Población indígena de 15 años y más, según condición de alfabetismo por municipio de la Sierra Madre Occidental, México, 2010

No. Estado/ Municipio	Estado/ Municipio	Alfabetismo en población de 15 años y más				
		Total	Alfabeta	%	Analfabeta	%
14	**Jalisco**	**5,127,597**	**4,903,846**	**95.6**	**223,751**	**4.3**
19	Bolaños	4,037	3,255	80.6	782	19.3
61	Mezquitic	10,324	7,535	72.9	2,789	27.0
18	**Nayarit**	**762,249**	**714,124**	**93.6**	**48,125**	**6.3**
9	Del Nayar	19,059	12,645	66.3	6,414	33.6

Fuente: Censo general de población y vivienda, 2010, INEGI.

La población india que carece de instrucción se eleva en cuanto aumenta la población india en esos municipios. El municipio de Bolaños tiene el 51.4% de población mayor de 15 años sin instrucción, ese porcentaje es de 42.3 en Bolaños y de 48.3% en El Nayar. Prácticamente, la mitad de la población joven y adulta carece de instrucción formal.

Si se observan los datos referidos a la población mayor de 15 años, se verá que los que son considerados formalmente como alfabetas esconde una gama de situaciones de escolaridad. referidos a la no terminación de la educación básica.

Población indígena de 15 años y más, según nivel de instrucción por municipio de la Sierra Madre Occidental, México, 2010

No. Estado/ Municipio	Estado/ Municipio	Total	Sin instrucción		Primaria incompleta		Primaria completa		Posprimaria	
			Total	%	Total	%	Total	%	Total	%
14	Jalisco	3,183,533	223,751	7.02	644,810	20.25	904,879	28.42	1,410,093	44.29
19	Bolaños	3,092	782	25.29	904	29.23	560	18.11	846	27.36
25	Colotlán	8,551	692	8.09	2,642	30.89	2,100	24.55	3,117	36.45
31	Chimaltitán	1,998	350	17.51	649	32.48	442	22.12	557	27.87
42	Huejuquilla el Alto	4,779	653	13.66	1,419	29.69	1,238	25.90	1,469	30.73
61	Mezquitic	8,756	2,789	31.85	2,592	29.60	1,374	15.69	2,001	22.85
76	San Martín de Bolaños	1,907	224	11.74	592	31.04	529	27.73	562	29.47
104	Totatiche	2,633	314	11.92	895	33.99	703	26.69	721	27.38
115	Villa Guerrero	3,172	489	15.41	1,029	32.44	831	26.19	823	25.94
18	Nayarit	477,598	48,125	10.07	110,685	23.17	103,474	21.66	215,314	45.08
5	Huajicori	2,733	138	5.04	260	9.51	243	8.89	2,092	76.54
9	Del Nayar	17,682	6,414	36.27	5,025	28.41	2,744	15.51	3,499	19.78
19	La Yesca	7,495	1,198	15.98	2,385	31.82	1,782	23.77	2,130	28.41
32	Zacatecas	640,434	56,667	8.84	186,653	29.14	91,872	14.34	305,242	47.66
49	Valparaíso	18,464	1,705	9.23	5,221	28.27	4,196	22.72	7,342	39.76

Fuente: Censo general de población y vivienda, 2010, INEGI.

Por ejemplo, es mayor el porcentaje de población con primaria incompleta, que el de primaria completa, lo cual da cuenta de la incapacidad que tiene la escuela india para retener a la población que llega a las aulas hasta el momento de la terminación del ciclo escolar. En ninguno de los municipios señalados la población que termina la primaria alcanza el 40%. Consecuentemente con ello, la población alfabeta que tiene algún estudio posterior a la primaria apenas alcanza el 13.3% y ello ocurre en el municipio de Bolaños. En el resto de municipios el porcentaje es menor. Ello implica que los niveles de educación básica no se cumplen en la población india.

Actividad económica

Si bien la identidad de los pueblos indios se ha formado a partir de la agricultura como actividad principal, el porcentaje de la PEA india que se dedica a la agricultura sigue siendo altamente significativo, pero ésta es realizada junto con un conjunto de actividades dentro de las zonas indias. La diversificación de las actividades ocurre con ritmos diferentes en los municipios indios. En El Nayar, la PEA ocupada en el sector primario, básicamente referida a la agricultura es del 61.8%, en tanto que en Bolaños es del 42.6%. No ocurre lo mismo en Mezquitic donde sólo la cuarta parte de la PEA india está dedicada a la agricultura.

En conjunto, el peso de la agricultura en los municipios indios se ha reducido considerablemente en el estado de Jalisco. La PEA ocupada en la agricultura en los ocho municipios indios apenas alcanza el 5.2%. Ese decaimiento de la agricultura ha sido a favor de las actividades terciarias puesto que el 62.5% de la PEA en esos municipios indios se dedica a ellas. Por su parte, la actividad secundaria ocupa al 32.4% de la población india.

En Nayarit, la agricultura sigue siendo la actividad donde se ocupa un poco menos del 50% de la PEA india (45.5%). También, es el sector terciario el que emplea a mayor número de PEA india después de la agricultura: 30.9%.

Población indígena de 12 años y más, según condición de actividad económica por municipio de la Sierra Madre Occidental, México, 2000

No. Estado/ Municipio	Estado/ Municipio	Sector de Ocupación						
		Total	Primario	%	Secundario	%	Terciario	%
14	Jalisco	17,891	923	5.2	5,793	32.4	11,175	62.5
19	Bolaños	345	147	42.6	115	33.3	83	24.1
61	Mezquitic	2,525	650	25.7	1,525	60.4	350	13.9
18	Nayarit	7,909	3,597	45.5	1,865	23.6	2,447	30.9
9	Del Nayar	4,770	2,948	61.8	976	20.5	846	17.7

Fuente: INI-CONAPO. Estimaciones de la población indígena, a partir de la base de datos del XII Censo general de población y vivienda, 2000, INEGI.

Si se observan los datos de la PEA ocupada se verá que prácticamente se tiene una ocupación total de la población india ya que los porcentajes de PEA ocupada es superior al 99%. Por lo tanto, no existe población desocupada en los municipios indios. Esta reflexión es válida tanto para el conjunto de los 12 municipios de la Sierra Madre Occidental, como para los municipios con mayor presencia de población india.

Población indígena de 12 años y más, según condición de actividad económica y condición de ocupación por municipio de la Sierra Madre Occidental, México, 2010

Estado/ Municipio	Condición de actividad económica			Condición de ocupación			
	12 años y más	Activa	Inactiva	Ocupada	%	Desocupada	%
Jalisco	**5,549,002**	**3,096,762**	**2,420,386**	**2,972,438**	**95.9**	**124,279**	**4.0**
Bolaños	4,574	1,648	2,904	1,422	86.2	226	13.71
Mezquitic	11,782	4,955	6,573	4,666	94.1	289	5.8
Nayarit	**823,908**	**435,977**	**382,998**	**420,187**	**96.3**	**15,790**	**3.6**
Del Nayar	21,825	6,400	15,158	5,627	87.9	779	12.1

Fuente: Censo general de población y vivienda, 2010, INEGI.

Sin embargo, si se observa el nivel de ingresos obtenido por la PEA india en su ocupación, se verá que más del 50% no recibe ingresos: 54.9% en Bolaños, 62.8% en Mezquitic y 64.6 en El Nayar.

Población indígena ocupada según nivel de ingreso en salarios mínimos mensuales por municipio de la Sierra Madre Occidental, México, 2000

No. Estado/ Municipio	Estado/ Municipio	Total	Salarios							
			Sin ingreso	%	Menos de 1 SMM	%	De 1 a 2 SMM	%	Más de 2 SMM	%
14	**Jalisco**	**17,241**	**2,194**	**12.7**	**1,421**	**8.2**	**5,607**	**32.5**	**8,019**	**46.5**
19	Bolaños	295	162	54.9	26	8.8	42	14.2	65	22.0
61	Mezquitic	2,392	1,501	62.8	313	13.1	255	10.7	323	13.5
18	**Nayarit**	**7,831**	**3,317**	**42.4**	**1,038**	**13.3**	**1,663**	**21.2**	**1,813**	**23.2**
9	Del Nayar	4,718	3,047	64.6	461	9.8	628	13.3	582	12.3

Fuente: INI-CONAPO. Estimaciones de la población indígena, a partir de la base de datos del XII Censo general de población y vivienda, 2000, INEGI.

En los municipios con población mayoritariamente indígena, la PEA que recibe de uno a dos salarios mínimos es pírrica: sólo el 14.2 en Bolaños, el 10.7% en Mezquitic y el 13.3% en El Nayar. La población que recibe más de dos salarios mínimos se ubica alrededor el 12% en los tres municipios mencionados.

Como las datos señalan que el 43.5% y el 23.2% de PEA india en Jalisco y Nayarit, respectivamente, reciben más de dos salarios mínimos, es posible que ese porcentaje se refiera a la PEA india que se emplea en actividades relacionada con la educación, ya que el sector educativo del sistema bilingüe intercultural se ha convertido en el primer empleador de la PEA indígena en el área de servicios.

Las localidades indias

En los municipios indios existen 705 localidades con el 40% y más de población india. En ellas habitan 52,434 pobladores indios. El mayor número de localidades existen en Nayarit. El promedio de habitantes por localidad es de 74. El menor número de habitantes es de cinco y el mayor de 148. Ello habla de una gran dispersión como patrón de poblamiento en la Sierra Madre Occidental

Localidades con 40% y más de población indígena por municipio de la Sierra
Madre Occidental, México, 2010

Estado/Municipio	Localidades		
	Número	Población Total	Habitantes promedio
Total			
Jalisco	**10,946**	**7,350,682**	671.5
Bolaños	165	6,820	41.3
Chimaltitán	71	3,771	53.1
Huejuquilla el Alto	62	8,781	141.6
Mezquitic	530	18,084	34.1
San Martín de Bolaños	62	3,405	54.9
Villa Guerrero	61	5,638	92.4
Nayarit	**2,700**	**1,084,979**	401.8
Huajicori	167	11,400	68.3
Del Nayar	493	34,300	69.6
La Yesca	377	13, 600	36.1
Zacatecas	**4,672**	**1,490,668**	319.1
Valparaíso	227	33,323	146.8

Fuente: Censo general de población y vivienda, 2010, INEGI.

Los indios viven en un sistema de localidades de alta dispersión.
La ventaja es que son capaces de poblar grandes extensiones de
terreno a través de pequeños poblamientos. Otra ventaja consiste
en que no agotan los recursos naturales ya que una determinada
porción de terreno sirve para sostener las actividades de pocos
habitantes y, de esa manera, se permite la reproducción de las
especies naturales tanto vegetales como animales. Pero la alta
dispersión de los asentamientos humanos indios se ha visto
como una desventaja ya que la idea de progreso de la civilización
occidental ha divulgado la creencia de que es mejor vivir en grandes
ciudades que en pequeñas localidades. A las pequeñas localidades
se les considera *atrasadas*. Se tendrían que valorar las ventajas y
desventajas de vivir en grandes aglomeraciones urbanas o en un
conjunto de localidades dispersas en amplios territorios.

Analfabetismo y monolingüismo

La mitad de la población india que habita en municipios indios es analfabeta; el 31.2% no terminó la educación primaria y el monolingüismo es de alrededor del 30%. Ese porcentaje alcanza su nivel más alto en Mezquitic y El Nayar.

Población indígena de 15 años y más por condición de escolaridad y monolingüe en localidades con 40% y más de población indígena por municipio de la Sierra Madre Occidental, México, 2010

Estado/Municipio Total	% de 15 años y más		% de monolingües
	Analfabeta	Primaria incompleta	
Jalisco	**223,751**	**644,810**	**0.2**
Bolaños	782	904	16.5
Chimaltitán	350	694	0
Huejuquilla el Alto	653	1,419	0.8
Mezquitic	2,789	2,592	41.9
San Martín de Bolaños	224	592	0
Villa Guerrero	489	1,029	1.7
Nayarit	**48,125**	**110,685**	**1.9**
Huajicori	138	260	0.4
Del Nayar	6,414	5,025	45.4
La Yesca	1,198	2,385	7.4
Zacatecas	**56,667**	**186,653**	**0**
Valparaíso	1,705	5,221	1.3

Fuente: Censo general de población y vivienda, 2010, INEGI.

Los municipios donde habitan los indios coinciden con la geografía de la pobreza. En ellos se da el mayor porcentaje de analfabetismo y los habitantes perviven en ínfimas condiciones de vida. El monolingüismo significa que sólo se expresan en su lengua original. El monolinguismo es mayor en las mujeres que en los hombres porque los hombres son los que tienen mayor contacto con los mestizos y ello les obliga a aprender *castilla*.

Las lenguas indias son ágrafas, lo cual significa que no se escriben, o más bien, que carecen de símbolos específicos para ser representadas. Actualmente, diversas instituciones realizan esfuerzos para elaborar alfabetos de las lenguas indias a partir de las grafías del alfabeto español. Los problemas son diversos ya que las lenguas indias son de tipo gutural y contienen sonidos para los cuales se carece de representación en el alfabeto del idioma español.

Las viviendas

Aunque las características de las viviendas de la Sierra Madre Occidental es la carencia de servicios urbanos, los datos para el año 2000, son los siguientes:

Porcentaje de viviendas por principales características de la vivienda en localidad con 40% y más de población indígena por municipio de la Sierra Madre Occidental, México, 2010

Estado/ Municipio	Porcentaje de viviendas				
	Con piso de tierra	Sin agua entubada	Sin drenaje	Sin energía eléctrica	Sin agua entubada, drenaje ni energía eléctrica
Total					
Jalisco	**3.02**	**5.33**	**2.06**	**0.82**	**92.59**
Bolaños	27.84	29.02	52.77	36.38	41.52
Chimaltitán	7.23	33.55	37.93	20.94	49.89
Huejuquilla el Alto	6.78	15.80	17.49	4.53	72.31
Mezquitic	35.50	43.77	65.32	47.19	27.78
San Martín de Bolaños	10.86	16.30	13.28	14.00	73.30
Villa Guerrero	6.36	33.39	15.00	8.57	59.71
Nayarit	**3.95**	**11.67**	**5.62**	**3.04**	**84.43**
Huajicori	14.12	34.38	38.75	29.80	39.76
Del Nayar	28.52	54.45	76.25	59.38	11.57
La Yesca	19.85	27.12	42.40	33.04	45.07
Zacatecas	**3.40**	**8.29**	**10.09**	**1.52**	**83.74**
Valparaíso	5.89	14.89	2196	6.09	73.48

Fuente: Censo general de población y vivienda, 2010, INEGI.

Las viviendas donde habitan los indios son construcciones que combinan los recursos naturales de la zona con el conocimiento del medio ambiente. Generalmente, las paredes son de adobe y el techo es una trama de madera cubierta por palma. En su construcción se pone en práctica el conocimiento acumulado en torno a la dureza, durabilidad y consistencia de los recursos naturales, las condiciones del medio ambiente y los usos posibles.

El conocimiento étnico de la construcción de viviendas hace que éstas tomen en cuenta la dirección de los vientos, la salida del sol y la humedad para decidir la construcción. De esa manera, la habitación destinada para cocina se construye en la parte más fría a fin de que los alimentos duren más tiempo. La obertura destinada a ventana tiene como finalidad asegurar la eliminación rápida de los humos provocados por la cocción de leña.

En las paredes predomina el embarro o bajareque y en el techo predomina la utilización de la palma. Desafortunadamente se carece de estadísticas exclusivas de las viviendas indias por lo que los datos se refieren a las viviendas existentes en todo el municipio.

La distribución de las habitaciones se realiza de acuerdo a la lógica de utilización del espacio el cual es derivado de las relaciones familiares y religiosas del grupo. Entre los huicholes y coras las habitaciones se establecen en torno al patio familiar, en donde generalmente existe un altar familiar. De esta manera las puertas de las habitaciones se orientan hacia el centro de la vivienda y no hacia el exterior como es el caso de las viviendas mestizas. Las puertas son aberturas que permiten entrar y salir pero carecen de una hoja que impida el paso. Sólo en las comunidades cercanas a asentamientos humanos urbanos las puertas se abren y se cierran, pero en la montaña las puertas permanecen abiertas.

Las viviendas de los municipios indios son las menos dotadas de servicios: carecen de agua entubada y por lo tanto, tienen que proveerse de ella de las fuentes naturales cercanas como ríos, y ojos de agua o extraerla a través de pozos. La falta de potabilización del agua implica también la injerencia de agua en condiciones insalubres. A su vez, la inexistencia de drenaje provoca una manera distinta de eliminación de desechos ya que prácticamente los desechos se depositan a cielo abierto. Debe decirse que actualmente se carece de una valorización a largo plazo de estos procedimientos ya que en la mayor parte se trata de desechos orgánicos que se integran al ciclo de la naturaleza. El problema inicia cuando las aguas sucias incluyen productos tóxicos no biodegradables, lo cual ocurre con la introducción de jabones industrializados en las actividades cotidianas.

En las comunidades indias la eliminación de basura corresponde a cada familia. Todos los desechos orgánicos son aprovechados por los animales domésticos, -perros, gatos, aves-, quienes se encargan de acabar las escasas sobras de comida y dan cuenta de cáscaras de frutas, asientos de café, etc. El problema inicia cuando la basura empieza a componerse de artículos no aprovechables por los animales como latas o envases de plástico. Las latas son utilizadas para sembrar plantas y los envases de plástico se reutilizan para depositar jabón o tomar agua. Pero ello empieza a tener un límite en las comunidades, las que carecen de soluciones para este tipo de basura. Las comunidades van amontonando basura inorgánica en ciertos parajes.

Las condiciones de la migración

A partir de las características culturales señaladas, los pobladores de los municipios indios se incorporan a la migración de frontera e internacional. Tradicionalmente tanto los coras como los huicholes y tepehuanes del sur, se trasladaban a la costa de Nayarit en procesos de migración temporales, los cuales les permitían continuar con la agricultura de temporal en sus comunidades de origen y, a partir de ahí, reproducir su cultura. Sin embargo, la crisis de la agricultura de exportación se expresó en el cambio de cultivos y en la disminución de los cultivos de exportación, en las que se contrataba a jornaleros indios. La introducción de especies exóticas destinadas al mercado de exportación originó que los indios estuviesen en desventaja para contratarse en ellas. De ahí se acentuó la migración de los pobladores indios de la región a la frontera norte del país y a los Estados Unidos.

La migración indígena a los Estados Unidos tuvo un impulso inicial en la década de los cuarenta, a partir del programa "Bracero", pero se ha intensificado en los últimos quince años. Se calcula que de 1990 al 2000 emigraron del país más de 400 mil indígenas, por lo que se estima que diario atraviesan la frontera 14 individuos provenientes de un pueblo indio (Nolasco, 2005). Actualmente se ha avanzado en el estudio de la migración indígena a los Estados Unidos, en particular, de la migración de migrantes oaxaqueños, zapotecos y mixtecos migrantes. El estudio puntual de casos específicos permitirá elaborar una etnografía y sobre todo, identificar las particularidades de cada flujo migratorio, tanto en los lugares de origen como en los lugares de llegada (Lestage, 2002).

En el caso de la Sierra Madre Occidental, a partir de la década de los ochenta, la migración india se intensificó. Ello trajo consigo cambios en cuanto a la estructura social y organización comunitaria, la identidad y las relaciones interétnicas, que serán abordadas en otra parte de la investigación. En el presente documento sólo se abordan aspectos relacionados con el envío de remesas familiares a las comunidades de origen de los migrantes, y no remesas colectivas o con fines sociales, porque en el caso de estudio, no se han encontrado evidencias de estas últimas.

El envío y el cobro de remesas se encuentran atravesados por la condición étnica y por las condiciones socioculturales existentes en las localidades de origen de los migrantes. Se han identificado los siguientes problemas en el envío de remesas a los municipios indios de la Sierra Madre Occidental:

1. Carencia de vías de comunicación. La carencia de vías de comunicación ha provocado el surgimiento de distintas formas de comunicabilidad entre los migrantes en los Estados Unidos y los familiares que se quedan residiendo en las localidades de origen. Esos medios se refieren al mayor uso del correo ordinario, los giros postales y, el

envío a través de familiares y conocidos. El incremento de la telefonía rural ha aumentado la posibilidad de aviso de remesas a través de este medio, sin embargo, no siempre se encuentra disponible la telefonía rural, ya que depende de la vigencia de las tarjetas de teléfono y mantenimiento de las líneas entre las principales. La telefonía celular, si bien es utilizada por los indios de la región, su uso efectivo se dificulta por las condiciones geográficas de la Sierra Madre Occidental.

2. Carencia de servicios de cobro de remesas en las localidades de origen. La inexistencia de servicios financieros ocasiona la necesidad de trasladarse a las localidades urbanas cercanas para el cobro de remesas. Ello, en sí, ocasiona nuevos gastos los cuales son cargados al costo total de las remesas. Si a ello se aúnan las características sociodemográficas de los pobladores indios se tendrá un panorama complejo del cobro de remesas.

3. Carencia de vías de transportación para cobro de remesas. El traslado a los centros urbanos cercanos debe realizarse dentro de los medios de transportación existentes en los municipios de la Sierra Madre Occidental, caracterizados por caminos de a pie, de herradura y terracería.

4. Surgimiento de intermediarios en el cobro de remesas. Por lo anterior, surgen intermediarios en el cobro de remesas en las comunidades de origen de los migrantes. Son los dueños de los negocios comerciales los que cambian los envíos de remesas, generalmente por comestible. En algunos casos estudiados, se adelantan bienes de consumo a los destinatarios de las remesas. La periodicidad del envío de remesas convierte a los destinatarios en sujetos de crédito en los negocios locales. También, los maestros o funcionarios de oficinas de gobierno pueden prestar servicios de cobro de remesas.

5. Uso de remesas para pago de deudas y préstamos. Uno de los primeros destinos de las remesas se refiere al pago por

deudas y préstamos contraídos con motivo de la migración. Una vez que las deudas han sido cubiertas, los familiares de los migrantes tienen mayor libertad para usar las remesas (Pacheco, 2005).

6. Uso de remesas para sostenimiento del grupo familiar en el lugar de origen. Hasta ahora, de acuerdo a los estudios de caso realizados, el uso principal dado a las remesas se refiere al sostenimiento del grupo familiar en el lugar de origen. Se trata de un uso ampliado cuyo destino no se refiere tan sólo a los hijos de los o las migrantes, sino a todo el grupo doméstico que se beneficia de ese envío. Aún cuando el envío sea para el sostenimiento del hijo en edad escolar, enviado por la madre a la abuela, el uso que hace ésta de los recursos se amplía al resto de niños dejados bajo su cuidado (De la Cruz, 2005)

7. Uso de remesas dentro de ámbito étnico. Los pobladores indios utilizan las remesas para cumplir los cargos asignados por la costumbre. De esta manera, aquellos pobladores que reciben un cargo se convierten en potenciales migrantes toda vez que requieren de dinero para estar en posibilidad de cubrir los gastos originados por el calendario de fiestas ceremoniales (De Jesús, 2005).

El acceso a las remesas se encuentra permeado por las condiciones específicas en que transcurre la vida de los pueblos indios en la Sierra Madre Occidental, en particular, sus condiciones de relativo aislamiento y carencia de vías de transportación a los principales centros urbanos de la Entidad. También, el uso de las remesas, por parte de las familias receptoras, depende del tiempo en que se ha llevado a cabo el proceso migratorio y la cantidad de miembros de la familia que participan en él.

Derivado de los resultados de la investigación, el principal uso de las remesas es el relacionado con la adquisición de alimentos y pago de deudas. Será interesante indagar, en otro momento, si el mayor tiempo de duración en la migración o el aumento de los miembros de la familia, puede diversificar los usos de las remesas, como ha sido documentado para otros flujos de migración (García, 2004), así como las transformaciones sociales, políticas y comunitarias en los lugares de origen (Zendejas, 2000).

Remesas indias y desarrollo de la región serrana

La migración indígena tiene un carácter estructural y se halla influida por múltiples factores más allá del nivel meramente económico o laboral. En su complejidad, se articulan diversos niveles donde las características culturales de los indígenas, lejos de ser una variable más, se convierte en un factor explicativo que debe centrar el análisis.

En los últimos años y dada la importancia de las remesas indígenas para la región Centro-Occidente, desde las oficinas de planeación de los gobiernos estatales se ha propuesto establecer proyectos específicos que permitan el desarrollo de la región serrana a partir de las remesas de los indios migrantes (Fiderco, 2004). Sin embargo, es muy poco probable que el desarrollo de la región serrana se encuentre asociado a las remesas de los migrantes indios. Esto se ha constatado en municipios del occidente del país (Arroyo, 2003). Por lo que es injusto que a los pobladores indios se les cargue con la responsabilidad de desarrollar sus localidades de origen, toda vez que ellos surgen a la migración desde lugares sociales de marginación, pobreza, exclusión y discriminación. Por lo tanto no es posible cargarles la responsabilidad de detonar el desarrollo de la región serrana a partir de sus envíos.

Las políticas públicas establecidas para vincular las remesas y el desarrollo han mostrado poca efectividad ya que generalmente se trata de políticas centradas en concepciones de desarrollo ajenas a las realidades locales de los migrantes (Delgado y Márquez, 2005). La relación remesas y desarrollo de la región serrana debe ser considerada en el marco de las condiciones étnicas de los pobladores.

La migración de la población india a la frontera norte del país y a los Estados Unidos, enfrenta a los pobladores a nuevas formas de construcción identitarias las cuales son atravesadas por una nueva concepción de lo indio surgida por los movimientos indios del sur del país, Centro y Sudamérica. Es posible, que a partir de ello, construyan nuevos lugares sociales, y por lo tanto políticos, desde los cuales plantearse nuevos futuros para la región de la Sierra Madre Occidental que no sean precisamente, los del desarrollo.

Las mujeres de la espera

La naturalización de los géneros (previa a la migración) se extiende hacia la naturalización de los géneros en la migración porque las diferencias son parte del discurso cultural identitario de las mujeres. La justificación de la dominación masculina es uno de los ejes explicativos de la naturalización de la diferencia. La violencia simbólica en que se encuentran atrapadas las mujeres de la migración tiene que ver con el dispositivo cultural aprendido e interiorizado. La mujer del migrante se convierte en el centro de la focalización de la comunidad. La joven esposa es dejada dentro de la familia del esposo por lo que la familia del esposo se convierte en vigilante y cuidadora de la joven esposa. Además, la comunidad entera participa de esta vigilancia.

Decían que no era hijo de mi hijo porque se había ido y a ésta no se le veía la panza, pero no les hice caso porque cuando nació tenía su misma cara. Ya después él vino y dijo que sí era suyo (Flores, 2007)

La mujer del emigrante carece de decisiones sobre sí misma. La familia del esposo se convierte en la estructura mediadora de sus propias decisiones, ya sea que se trata de decisiones relacionadas con el uso de las remesas, el destino de los hijos o el cuerpo. De esta manera la mujer está sujeta a las decisiones del varón, la escasa autonomía que logra al fundar una familia de destino, la pierde al ver migrar al esposo. Puede ser que la joven esposa logre un ámbito de autonomía cuando es capaz de vincularse con otras mujeres que se encuentran en su misma situación de esposas de migrantes o cuando es posible crear alianzas con las mujeres de la familia. Ello ocurre en los casos en que migran el suegro y el esposo de una mujer. En los primeros días, las esposas adquieren el papel de vigilantes una de la otra, también de transmisoras de las órdenes dadas por ambos esposos, órdenes dadas desde la distancia, ya sea por cartas o por teléfono. Sin embargo, la vida diaria las hace tener vinculaciones entre ellas mujeres de tal manera de condensar acuerdos para cumplir las órdenes de los migrantes. Con estos acuerdos ellas se procuran una vida más llevadera y se enfrentan a la mediación impuesta por la dominación masculina.

"Esta y yo, mi nuera pues, le decimos lo que necesitamos. A veces le hablan a ella, en veces a mí, a mí ya casi no. Pero nos ponemos de acuerdo para decirle lo que necesitan los niños para la escuela o si la casa se le cayó la lámina. También le contamos cuando la autoridad nos pide cooperación, de la escuela las más veces porque así saben que no tenemos maseca o algo" (Modesta Lamas, 2008).

Las mujeres de la migración, en ocasiones, adquieren conciencia de la triangulación de los esposos en las relaciones entre ellas y dan pasos que las acercan en la construcción de nuevas alianzas que les permite hacer un frente ante los esposos migrantes. El orden simbólico, sin embargo, actúa sobre el cuerpo y la mente de ellas ya que parte de estructuras que a su vez estructuran comportamientos, estructuras que deben su consistencia al hecho de que son coherentes, sistemáticas, aparentan ajustarse a las estructuras objetivas del mundo social y por lo tanto, las mujeres carecen de resquicios por donde atisbar un nuevo mundo de relaciones sociales. Son mujeres de la práctica las que resisten la violencia simbólica y las que, en ausencia de los maridos migrantes, se atreven a tener comportamientos que las alejan del canon establecido por la violencia simbólica.

La relación comunicación con los migrantes

La relación amorosa se convierte en una relación comunicante dentro de un imaginario amoroso femenino que actúa tanto para la propia protagonista como para las y los demás que forman la comunidad. De esta manera, el discurso femenino de las mujeres de la espera se construye a partir de la relación-comunicación con el varón migrante: sus mensajes, correos y saludos.

El migrante, es además, el que le da la identidad a la mujer migrante. Ella tiene tal calidad por la relación con él: puede conseguir crédito de la tienda, dinero en préstamo, adelanto de mercancías o dinero en virtud de que el migrante sigue relacionándose con ella. Por eso es importante mantener una comunicación estrecha con los migrantes: es el símbolo de ser sujeta de dinero y de crédito tanto dinerario como social. La mujer del migrante puede perder esa condición si las comunicaciones con el migrante se espacian y, desde luego, si concluyen.

De ahí que la relación se convierte en una comunicación. Actualmente, en la localidad de Presidio de los Reyes la comunicación se da a través del correo postal, la telefonía rural, la telefonía celular y el internet. De ellas, la más socorrida es la telefonía rural ya que el correo postal es cada vez un medio utilizado en menor escalar. La carta se considera un documento más íntimo, ya que el migrante tiene ocasión de explayarse en sus sentimientos hacia la mujer de la espera. La telefonía rural es el medio principal y se ha convertido en un medio público no tanto en el sentido de que todos lo pueden utilizar si no en el sentido de que el uso de la telefonía rural se convierte en un acontecimiento conocido por todos. Es así como se colectiviza la llamada rural. Es más, en la comunidad de Presidio de los Reyes es prácticamente imposible no darse cuenta de las llamadas, conocer la destinataria de la llamada y el emisor ya que se utiliza un altavoz para avisarle a la destinataria, que debe acudir al local porque le llamarán en unos pocos minutos. Esto es así porque la persona a quien se desea llamar no se encuentra en el local donde se encuentra el teléfono. Generalmente ocurren dos llamadas. En la primera se pide a la telefonista "mandar llamar" a alguien. La segunda llamada ocurre quince o veinte minutos después a fin de dar tiempo a que la persona llamada acuda al local de la telefonía.

"Cuando empieza a hablar el altavoz todas nos estamos calladas. Porque pensamos que es a mí a las que nos habla. Si yo oigo mi nombre primero me fijo en la cara de mi hijo o de quien está cerquita porque una vez agarré la carrera y no era para mí. Estaba confundida porque no oí bien, pero todas se rieron mucho de mí. Así que ahora primero me fijo en la cara de alguien. Ya luego, empiezo a correr" (Reyes, 2007).

Este procedimiento convierte en público un acto privado o al menos, un acto familiar. El uso de las cabinas telefónicas no aísla a la persona sino que la ubican en un escaparate para realizar la llamada. En ese momento, las mujeres ponen a los hombres al corriente de las novedades de la familia y transmiten los mensajes del resto de miembros de la familia. La persona llamada adquiere poder ante la propia familia y ante la comunidad porque es la que transmite y descodifica los mensajes.

La telefonía rural y la telefonía digital han tenido más éxito que el correo por una razón muy sencilla: por el analfabetismo de la población. Si le escritura no es evento cultural al alcance de la población en su vida normal es poco probable que lo sea en las circunstancias de la migración. Además, el correo no permite una relación directa "en tiempo real", sino que en todo caso, permitiría una comunicación más subjetivizada, en el sentido de ser capaz de transmitir el estado de ánimo en un momento determinado. A ello debe agregarse el hecho de que en la comunidad se estudio se trata de población cora cuyo acceso al idioma español escrito es insuficiente.

No obstante ello, el correo postal es todavía utilizado en la comunidad, sobre todo, de parte de las personas que quedan en el lugar de la migración y que por esta vía esperan noticias de sus familiares. El menor origen de llamadas en el poblado se debe a que resulta más caro entablar una llamada desde el país de origen (México) que desde los Estados Unidos, debido a los altos costos de la telefonía mexicana. Además, la telefonía rural no está al alcance las 24 horas de los 365 días del año, de ahí que los migrantes tengan que circunscribirse a entablar llamadas los días festivos de los Estados Unidos, o como ocurre, los domingos.

Reflexiones finales

De acuerdo a las categorías de Bordieu migrar es un acto de violencia simbólica puesto que los actores de la migración encuentran su explicación dentro del mismo dispositivo cultural que les asigna lugares diferenciados. Es, a su vez, reproducido por los propios miembros de la familia en un proceso de producción producente.

La migración ha adquirido un estatus cultural dentro de los habitantes de Presidio de los Reyes en el esquema de la dominacion masculina étnica donde migrar se convierte en parte de los ritos de masculinidad. Ellos dominan aquí y allá a mujeres que se apropian del discurso de la migración desde los lugares subordinados asignados por la tradición y la costumbre.

La familia se convierte en el núcleo de la reproducción de la cultura migratoria, en donde los roles de género se encuentran engarzados a la costumbre, la tradición y los tiempos comunitarios. En ellos, la migración actúa como un potencializador de las diferencias de género. El discurso de la migración mitifica la hazaña migratoria y logra, a través de las narrativas, otorgarle un mayor prestigio a los que migran.

Aunque las mujeres encuentran en la migración un resquicio desde el cual cuestionar la migración, en la práctica, este resquicio se ve difuminado en manos de la familia patriarcal que lo administra. Sobre todo, a la llegada del migrante, la mujer pierde toda capacidad de anteponerse a las decisiones patriarcales.

Por todo ello, la migración refuerza los estereotipos de género, amplía la dominación masculina y reduce a las mujeres a mujeres de la espera. en contraposición, ellas encuentran circunstancias de aliarse al interior de esa violencia simbólica pero no de transgredirla. De ahí que la familia se convierte en el centro de la reproducción de la cultura de la migración, mantenedora de las narrativas migratorias en las que cada actor encuentra el sentido de sus acciones.

Bibliografía citada

Arroyo Alejandre, Jesús y Valenzuela Corvera Isabel (2003), "Actividad económica, migración a Estados Unidos y remesas en el Occidente de México", en *Migraciones internacionales*, Vol.2, No. 1, Enero-Junio de 2003, el Colegio de la Frontera Norte, Tijuana, Baja California, pp. 36-58

Bordieu, Pierre. 1997 *Razones Prácticas. Sobre la Teoría de la Acción*. España: Anagrama

---. 2001 *Trayectoria de un sociólogo*, en *La Tarea*. No. 15, SNTE Secc. 47, junio pp. 133-143

Bourdieu, Pierre e Passeron, Jean-Claude. 2008. *Los herederos: los estudiantes y la cultura*. Buenos Aires: Siglo XXI Editores

CONAPO. 2010. Índice de marginación por entidad federativa y municipio, México, Conapo (http://www.conapo.gob.mx) consultado abril 2012.

Delgado Wisse, Raúl y Humberto Márquez (2005), "Migración, políticas públicas y desarrollo. Reflexiones en torno al caso de México", en *Memoria del* Quinto Congreso Balance y Perspectivas del Campo Mexicano de la Asociación Mexicana de Estudios Rurales, A. C., Universidad de Oaxaca, (CD).

Durán, Jorge.1993. "Los migradólares", *Argumentos*, núm.5, UAM-X.

Fiderco (2004), Programa para el Desarrollo de la Región Centro Occidente, Fideicomiso para el Desarrollo de la Región Centro Occidente (FIDERCO), Aguascalientes, Colima, Guanajuato,

Jalisco, Michoacán, Nayarit, Querétaro, San Luis Potosí y Zacatecas, Guadalajara.

García Zamora, Rodolfo (2004), "Migración internacional y desarrollo local: una propuesta binacional para el desarrollo regional del sur de Zacatecas" en Raúl Delgado W. y Margarita Fabela (coordinadores). *Nuevas tendencias y desafíos de la migración internacional México-Estados Unidos*, Miguel Ángel Porrúa, México.

Lestage, Françoise (2002) "La emergencia de "neocomunidades" étnicas en Tijuana", en Anguiano Téllez, María Eugenia y Hernández Madrid, Miguel J. (eds.) *Migración Internacional e identidades cambiantes*, El Colegio de Michoacán, El Colegio de la Frontera Norte, México, pp.145-162.

Malgesini, Graciela (1998), *Cruzando fronteras. Migraciones en el Sistema Mundial*,

Fundación Hogar del Desempleado, España.

Nolasco, Margarita (2005), *7ª Reunión Nacional del Proyecto Etnográfico de las Regiones Indígenas de México en el Nuevo Milenio*, México,

Pacheco, Lourdes (1997), *Etnias de Nayarit*. Sep-Conafe, Tepic, Nayarit.

--- (2005), *Migración de mujeres indígenas nayerij y wixarikas hacia la frontera norte del país y los Estados Unidos*, ponencia al Cuarto Foro Estatal y Segundo Nacional En Estudios de Género, Oaxaca, Oaxaca, junio 22.23

Pierre, Pierre. 1999. *Meditaciones Pascalianas*. España: Anagrama

Zendejas-Romero, Sergio (2000), "Migración de mexicanos a Estados Unidos y su impacto político en los poblados de origen. Redefinición de compromisos con el ejido en un poblado michoacano", en Castillo, Manuel Ángel; Lattes, Alfredo y Santibáñez R. Jorge (coords.). *Migración y Fronteras*, El Colegio de la Frontera Norte, Plaza y Valdés, Asociación Latinoamericana de Sociología, El Colegio de México, Tijuana, Baja California, pp. 147-172.

Wallerstein, Immanuel (1996) *Después del liberalismo*, Siglo XXI, México.

Entrevistas

De Jesús, Herminia (2005), *Entrevista a mujer cora migrante*, Jesús María, marzo 20.

De la Cruz, Zenaida (2005), *Entrevista a mujer wixárika migrante*, Salvador Allende, marzo 15

Flores, Teófila. 2007. *Madre de migrante*, Presidio de los Reyes, marzo

Lamas, Bernardo. 2008. *Migrante*, Presidio de los Reyes, julio

Lamas, Modesta. 2007. E*sposa de migrante*, Presidio de los Reyes, marzo.

Reyes, Nilda. 2007. *Esposa de migrante*, Presidio de los Reyes, marzo

CAPÍTULO 2

El uso comunitario de remesas por mujeres indígenas

Introducción

En el presente documento se describe el cambio de las comunidades indígenas a las sociedades indígena, caracterizadas por el trabajo no agrícola en territorios indios, así como los factores externos e internos que impelen la migración de los jóvenes indígenas hacia el norte del país y hacia los Estados Unidos.

En el proceso migratorio de los jóvenes indígenas, las mujeres indias permanecen en las localidades. El presente trabajo explora las características de las mujeres dentro de las comunidades indias de origen *wixaritari*, la permanencia de las mujeres *wixáritari* en comunidades de Nayarit, los procesos generados a partir de la obtención de remesas, tanto para la decisión del destino final de los recursos, como de los acuerdos establecidos entre ellas para la conservación de la familia india. Se exploran las lugares sociales en que transitan las mujeres indias y los usos de las remesas tanto para el sostenimiento familiar, como para la elaboración de artesanía o la venta al menudeo.

Al mismo tiempo, se documenta el proceso de envío de las remesas y las formas particulares de cobro en los diversos establecimientos. También, el destino final de las remesas, en casos documentados. La importancia de las remesas en el mantenimiento de formas de organización comunitaria donde los migrantes son los ausentes-presentes. Esa presencia se logra a través de las mujeres, quienes representan a los ausentes.

De comunidades a sociedades indígenas

Las comunidades indígenas han sido delineadas como caracterizadas por la costumbre. Esto implica la escasez de procesos de renovación, el inmovilismo y la permanencia de la organización social, de las formas productivas, del estilo de vida. Esta visión de las comunidades indígenas se encontraba fuertemente vinculada al estado del conocimiento sobre las propias comunidades. Así, la escasez de investigaciones precisas sobre las comunidades tendía a visualizarlas como poco innovadoras, reacias al cambio y poco proclives a incorporar lo externo a su funcionamiento.

En la medida en que se amplían las investigaciones sobre las comunidades indígenas, es posible pasar de la visualización de comunidades cerradas y en proceso de extinción a comunidades cuyos procesos de cambio y transformación ocurren a partir de dinámicas diferentes a las existentes en la sociedad rural mestiza y desde luego, de la sociedad urbana. También debe considerarse el hecho de que los investigadores sobre los pueblos indios, han estado preparados para ver esa inmovilidad, y en muy pocas ocasiones, sus premisas epistemológicas les permiten apreciar las vías por las que ocurre el cambio. Así pues, lo que se ve de las comunidad indias está íntimamente vinculado a lo que se quiere ver.

El cambio que ocurre en las comunidades indígenas no depende exclusivamente de las voluntades de los miembros de la comunidad, pero tampoco se trata sólo de cambios establecidos desde fuera de las comunidades. Se trata de procesos complejos donde existen factores surgidos en el exterior, presiones de la sociedad global, pero también de procesos desatados en el interior de las propias comunidades. En un momento dado, ambos procesos se unen para dar lugar a transformaciones de las comunidades. Cómo ocurre ello, dependerá de las relaciones que se establezcan, tanto por los miembros del grupo como por las interrelaciones con el medio ambiente.

En el presente trabajo se utilizará el término *sociedades indígenas* en lugar del término comunidades indígenas. Las comunidades indígenas se caracterizaban por tener a la agricultura como la actividad principal del grupo. El trabajo agrícola determinó los lugares sociales de los hombres y las mujeres, de los viejos y los jóvenes, de los pertenecientes a la comunidad y los externos; otorgó identidad a los pueblos indios. Sobre el trabajo agrícola se conformó una división social y sexual del trabajo, el simbolismo propio de las comunidades y otorgó la cosmovisión del mundo, la cual fue depuraba con el transcurrir del tiempo, dando lugar a religiones agrícolas o bien, basadas en la agricultura. En las actuales sociedades indígenas el trabajo agrícola sigue siendo principal, pero no se trata de la única actividad desarrollada por los miembros del grupo. Por el contrario, la agricultura cada vez tiene un lugar secundario ante nuevas actividades.

En las sociedades indígenas coexiste el trabajo agrícola con el trabajo no agrícola. En primer lugar, el trabajo artesanal desarrollado por los miembros del grupo se elabora en procesos de individualización del trabajo. En segundo lugar, la contratación por salario de algunos miembros de las sociedades, implica el rompimiento de la lógica del trabajo comunitario y la obtención de dinero para uso privado (individual y familiar). En tercer lugar, la presencia en las localidades, –cada vez más constante-, de mestizos en trabajos comerciales y de servicios, esto es, no agrícolas.

Si el trabajo agrícola desarrolló la lógica del trabajo comunitario en la tierra que pertenecía a todos, el trabajo no agrícola ha desarrollado el trabajo individual cuyos productos son también apropiados individualmente. Ello no significa que anteriormente no existiera trabajo individual, lo que significa es que la apropiación de esos productos, en lugar de ser comunitario, el uso colectivo de las cosechas por ejemplo, es ahora apropiado individual y familiarmente, aún cuando se trate de familias ampliadas.

El trabajo comunitario no desaparece, tampoco desaparece el uso comunitario del dinero obtenido individualmente, pero la aparición de esto último junto con las actividades no agrícolas, introducen modificaciones sustanciales en las sociedades indígenas. Así pues, se podría resumir diciendo que las sociedades indígenas son aquellos grupos de población, herederos de los pobladores originarios, donde el trabajo fundamental es la agricultura tradicional, la cual coexiste con formas de trabajo no agrícola cuyos productos son apropiados de manera individual y familiar. En las sociedades indígenas la organización social se rige, mayormente, por la costumbre.

Lo externo y lo interno

El cambio en las condiciones mundiales de acumulación conocidas como globalización o mundialización generó transformaciones en las sociedades indígenas redefiniendo su posición ante otros sectores económico, así como el lugar social de los indios dentro de los escenarios de cada nación. Los cambios y recomposiciones mundiales pueden ubicarse en el origen de las presiones a que son sometidas las sociedades indígenas en torno al uso de los recursos naturales existentes en sus territorios, la necesidades de ampliar las relaciones mercantiles a las relaciones comunitarias y a la creciente monetarización de las formas de vida indígena.

Al interior de las sociedades indígenas, los cambios en las nuevas generaciones ha propiciado nuevas demandas. Entre ellos deben destacarse: 1) el aumento de la escolaridad de la actual generación de jóvenes indígenas en relación a la generación de sus padres; 2) la mayor vinculación con culturas no indígenas (rurales y urbanas) vía el aumento de las vías de transportación; 3) el acceso a bienes culturales no producidos comunitariamente, como los medios de comunicación, en particular la radio y la televisión; 4) la confrontación de discursos comunitarios tradicionales versus discursos de derechos humanos, contenidos democráticos, higienistas, etc., que rivalizan o al menos, permiten discutir, los discursos tradicionales sobre la familia, el lugar de los miembros en las decisiones, el uso del cuerpo, etc.

La incorporación de la economía dineraria en las sociedades indígenas agudiza la pobreza de los indios, lo que obliga a los miembros a migrar hacia la zona norte del país y hacia los Estados Unidos. Las mujeres, entonces, se ven precisadas a modificar el papel que tenían al interior de la comunidad. Sin embargo, sus características específicas de género (monolingüismo, analfabetismo, ciclo de vida, falta de credencialización) se convierten en factores que determinan su relación con los nuevos cambios y en especial con las remesas.

Los indios de Nayarit

De acuerdo con los censos de población, durante siglo XX, los indios en Nayarit han tenido el siguiente crecimiento:

Nayarit. Población india en Nayarit de 1921 a 2010

Año	Población total	Población india	%
1921	163 183	715	.43
1930	167 724	4 835	2.8
1940	216 698	5 513	2.5
1950	290 124	5 520	1.9
1960	389 929	5 324	1.3
1970	544 031	9 476	1.7
1980	726 120	24 140	3.3
1990	824 643	29 386	3.5
2000 (*)	920 185	45 799	4.9
2010	1 084 979	70 530	6.5

Fuente: INEGI. 2010. *Principales resultados por localidad, (ITER)*, Aguascalientes, Ags., (www.inegi.gob)

(*) Incluye población de 0 a 4 años en hogares cuyos jefes hablan lengua indígena

Los indios en Nayarit representan alrededor del 5% de la población total. Debe tomarse en cuenta que los responsables de levantar el censo carecían de un sistema efectivo de acceso a las zonas indias, por lo cual lo más probable es que los censos reflejen una cifra inferior a los indios realmente existente. Por ejemplo, el aumento que se observa en el porcentaje de 1970 a 1980 puede deberse al mejoramiento del sistema de conteo de los censos pues no es posible pensar que hubiesen duplicado su crecimiento en el lapso de diez años.

Los municipios indios

Los municipios donde habita el mayor número de indios son Huajicori, El Nayar y la Yesca. Sin embargo, en otros municipios su presencia también es importante.

Nayarit. Población india por municipio

Municipio	Población total	%	Hombres	%	Mujeres	%
Nayarit	52833	100	26523	100	26310	100
Acaponeta	1412	2.67	719	2.71	693	2.63
Ahuacatlán	41	0.07	26	0.09	15	0.05
Amatlán de Cañas	36	0.06	18	0.06	18	0.06
Bahía de Banderas	926	1.75	522	1.96	404	1.53
Compostela	622	1.17	319	1.20	303	1.15
El Nayar	27039	51.17	13424	50.61	13615	51.78
Huajicori	1518	2.87	758	2.85	760	2.88
Ixtlán del Río	253	0.47	128	0.48	125	0.47
Jala	126	0.23	66	0.24	60	0.22
Rosamorada	1837	3.47	905	3.41	932	3.54
Ruiz	2668	5.04	1325	4.99	1343	5.10
San Blas	712	1.34	420	1.58	296	1.12
San Pedro Lagunillas	41	0.07	28	0.10	13	0.04
Santa Ma. Del Oro	1317	2.49	731	2.75	645	2.45
Santiago Ixcuintla	538	1.01	288	1.08	250	0.95
Tecuala	98	0.18	52	0.19	46	0.17
Tepic	7725	14.62	3888	14.65	3837	14.58
Tuxpan	103	0.19	54	0.20	49	0.18
Xalisco	466	0.88	260	0.98	206	0.78
La Yesca	5296	10.02	2592	9.77	2704	10.27

Fuente: INEGI. 2010. *Principales resultados por localidad, (ITER)*, Aguascalientes, Ags., (www.inegi.gob)

Nayarit. Hablantes de lenguas por municipio

Municipio	Cora	Huichol	Tepehuan	Náhuatl	Otras	NE
Nayarit	15389	16962	1404	1337	1647	428
Acaponeta	146	47	159	47	10	8
Ahuacatlán	10	12	9	12	41	6
Amatlán de Cañas.	9	25	9	8	2	8
Bahía de Banderas	18	86	0	198	99	56
Compostela	41	180	37	124	81	27
El Nayar	11477	6707	12	11	6	2
Huajicori	27	57	971	0	13	15
Ixtlán del Río	46	116	15	0	31	11
Jala	34	51	0	0	4	2
Rosamorada	1095	395	36	22	6	21
Ruiz	1048	695	33	0	27	10
San Blas	126	226	21	482	121	18
San Pedro Lagunillas	9	16	0	0	42	3
Santa Ma. Del Oro	38	700	0	83	174	6
Santiago Ixcuintla	188	456	0	149	76	46
Tecuala	68	64	28	0	11	12
Tepic	890	3564	68	172	633	123
Tuxpan	8	88	6	0	15	15
Xalisco	108	134	0	29	255	19
La Yesca	3	3343	0	0	0	20

Fuente: Censo general de población y vivienda, 2010, INEGI.

Nayarit. Población de 3 años y más que habla alguna lengua indígena.

Lengua indígena	Total	Hombre	Mujer
Total	52,833	26,523	26,310
Amuzgo	7	4	3
Chatino	5	3	2
Chichimeca jonaz	1	1	0
Chinanteco	9	4	5
Chinanteco de Ojitlán	1	1	0
Choco (Chocholteco)	1	1	0
Chol (Ch' ol)	10	7	3
Chontal	7	5	2
Cora	20,793	10,393	10,400
Cucapá	1	1	0
Huasteco	27	12	15
Huave	1	0	1
Huichol	25,151	12,366	12,785
Kanjobal (Q'anjob'al)	2	0	2
Lacandón	2	1	1
Maya	28	20	8
Mayo	4	9	5
Mazahua	217	119	98
Mazateco	17	5	12
Mixe	45	26	19
Mixteco	115	72	43
Náhuatl	1,904	1,017	887
Otomí	34	25	9
Popoloca	43	33	10
Popoluca	6	5	1
Purépecha (Tarasco)	245	134	111
Seri	1	1	0
Tarahumara	14	12	2
Tepehua	1	1	0
Tepehuano	1,972	991	981
Tepehuano de Durango (Tepehuano del sur)	4	2	2

Tlapaneco	120	70	50
Tlojolabal	3	2	1
Totonaca (Totonaco)	26	22	4
Triqui	20	9	11
Tzeltal (Tseltal)	30	21	9
Tzotzil (Tsotsil)	188	123	55
Yaqui	15	10	5
Zapoteco	497	316	181
Zapoteco del Istmo	2	2	0
Zoque	10	7	3
Otras lenguas indígenas de México	3	2	1
Otras lenguas indígenas de América	3	2	1
Lengua indígena no especificada	1,238	666	572

Fuente: Censo general de población y vivienda, 2010, INEGI.

Los indios viven en un sistema de localidades de alta dispersión. Su sistema de población les permite poblar grandes extensiones de terreno a través de pequeños poblamientos. También les permite no agotar los recursos naturales ya que una determinada porción de terreno sirve para sostener las actividades de pocos habitantes y, de esa manera, se permite la reproducción de las especies naturales tanto vegetales como animales. La alta dispersión de los asentamientos humanos indios se ha visto como una desventaja ya que la idea de progreso de la civilización occidental ha divulgado la creencia de que es mejor vivir en grandes ciudades que en pequeñas localidades. A las pequeñas localidades se les considera *atrasadas*. El patrón de asentamientos humanos de los pueblos indios es de alta dispersión de acuerdo a los siguientes datos:

Nayarit. Municipios indígenas por tamaño de la localidad.- 2010

Municipios	Localidades	1-249 Hab.	250-449 Hab	500-999 Hab.	1000-2449 Hab.	2500-4999 Hab.	5000-9999 Hab.
Total	1037	996	23	11	5	2	0
Huajicori	167	159	5	2	0	1	0
El Nayar	493	467	17	6	2	1	0
La Yesca	377	370	1	3	3	0	0

Fuente: Censo general de población y vivienda, 2010, INEGI.

Nayarit. Municipios indígenas por tamaño de la localidad. 2010 (%)

Municipios	Localidades	1-249 Hab.	250-449 Hab	500-999 Hab.	1000-2449 Hab.	2500-4999 Hab.	5000-9999 Hab.
Total	100	96.04	2.21	1.06	0.48	0.19	0
Huajicori	100	95.20	2.99	1.19	0	0.59	0
El Nayar	100	94.72	3.44	1.21	0.40	0.20	0
La Yesca	100	98.14	0.26	0.79	0.79	0	0

Fuente: Censo general de población y vivienda, 2010, INEGI.

Existe mayor número de localidades pequeñas en los municipios indígenas y son de menor tamaño. Se trata de pequeños poblamientos inferiores a cien habitantes. A Huajicori, el Nayar y la Yesca se les denomina municipios indígenas porque la presencia de los indios les otorga características culturales específicas.

Los municipios donde habitan los indios coinciden con la geografía de la pobreza. En ellos se da el mayor porcentaje de analfabetismo y los habitantes perviven en ínfimas condiciones de vida. Un porcentaje de los indios (16.2%) es monolingue. Ello significa que sólo se expresa en su lengua original. El monolinguismo es mayor en las mujeres que en los hombres porque los hombres son los que tienen mayor contacto con los mestizos y ello les obliga a aprender *castilla*. En cuanto al analfabetismo, los porcentajes más elevados de toda la entidad corresponden a El Nayar (53.93%); Huajicori (24.21%) y La Yesca (21.92%)

El monolingüismo afecta más a las mujeres que a los hombres, de acuerdo al siguiente cuadro: población de 3 años y más que habla alguna lengua indígena y habla español

Municipio	Habla español		No habla español		Insuficientemente especificado	
	H	M	H	M	H	M
Nayarit	82.77	76.18	13.63	20.52	3.58	3.29
Acaponeta	95.41	94.51	0.13	0.43	4.45	5.05
Ahuacatlán	92.30	73.33	0	0	7.69	26.66
Amatlán de Cañas	66.66	66.66	0	0	33.33	33.33
Bahía de Banderas	81.99	82.92	0.76	1.48	17.24	15.59
Compostela	84.63	82.50	0	0.66	15.36	16.83
El Nayar	74.93	63.97	24.18	35.13	0.87	0.88
Huajicori	96.83	96.57	0.65	0.92	2.50	2.5
Ixtlán del Río	91.40	88.88	0.78	0.8	7.81	10.4
Jala	86.36	98.33	0	0	13.63	1.66
Rosamorada	91.16	90.23	0.88	1.60	7.95	8.15
Ruiz	92.30	88.23	4.52	8.19	3.16	3.57
San Blas	90.23	88.01	0.71	1.36	9.04	10.61
San Pedro Lagunillas	60.71	23.07	0	0	39.28	76.92
Santa Ma. Del Oro.	92.88	96.27	1.23	0.31	5.88	3.41
Santiago Ixcuintla	80.90	82.40	0.34	1.2	18.75	16.4
Tecuala	71.15	69.56	0	0	28.84	30.43
Tepic	91.20	90.74	1.74	2.81	7.04	6.43
Tuxpan	70.37	71.42	0	0	29.62	28.57
Xalisco	85.76	83.98	3.46	1.94	10.76	14.07
La Yesca	91.31	86.20	7.75	12.98	0.92	0.81

Fuente: Censo general de población y vivienda, 2010, INEGI.

La lengua india se trasmite de manera oral de una generación a otra. En ese proceso las mujeres tienen un papel relevante ya que son las que se encargan de enseñar a hablar a los niños del grupo. La lengua expresa la concepción del mundo, la forma particular como ellos conciben los distintos procesos y fenómenos de la naturaleza. Por ejemplo, las lenguas indias tienen una palabra en singular para designar al sol, pero carecen del plural soles, porque, en su concepción, sólo existe un sol por lo que no existe una razón para la existencia del plural.

La migración indígena

La migración indígena de coras y huicholes ha sido una migración prácticamente estacional, con rutas claramente dirigidas. Las migraciones de coras, huicholes, tepehuanes y mexicaneros a la costa de Nayarit ha constituido un capítulo importante del cultivo del tabaco en la región. Desde que el tabaco empezó a sembrarse en las costas del Pacífico, contó con la mano de obra que tradicionalmente baja de las montañas.

Puede ser que los indígenas coras y huicholes, en su tradicional peregrinación hacia el Pacífico, donde se encuentra la madre-diosa del occidente, la madre Ha´ramara, identificada con el mar, encontraron el tabaco. O puede ser que el tabaco los encontró a ellos. De cualquier manera, los indios de la Sierra Madre Occidental se convirtieron en la mano de obra barata de la producción tabacalera.

La migración de los indios de Nayarit se expandió a otros cultivos. Entre ellos, el más importante es el de café. Durante los meses de enero a marzo, los coras y huicholes levantan la cosecha de café de las zonas cafetaleras de los municipios de San Blas, Tepic y Ruiz, principalmente. Ellos mismos, se han caracterizado por ser productores de café aunque en pequeñas cantidades.

La migración indígena a la costa de Nayarit es una migración por familias. En ella participan las familias en sentido amplio. Incluyen al jefe de familia, la esposa o esposas, los hijos pequeños de todo el grupo, los padres y otros parientes allegados a la familia. Se trata de una migración de grupos familiares que ha tenido una amplia documentación en los estudios específicos (Pacheco, 1999).

A partir de la experiencia de la migración como jornaleros indígenas al tabaco, café y frijol, principalmente, los indios coras y huicholes se incorporan a la migración hacia el norte del país y los Estados Unidos. ¿Qué factores contribuyen para que ello ocurra? A continuación se enumeran los factores que se han identificado como influyentes en la migración indígena:

1. La disminución de los cultivos estacionales absorbedores de mano de obra intensiva. La disminución de la superficie de tabaco ocurrida en la década de los noventa, trajo aparejada una menor demanda de mano de obra estacional. En la época de auge de Tabamex se llegaron a cosechar alrededor de 38 mil hectáreas en el ciclo 1979-1980 de tabaco en la costa del Pacífico. Después de la desaparición de la paraestatal, las hectáreas de tabaco se han reducido a alrededor de 19 mil para el ciclo 1999-2000 (Mackinlay, 2001). Ello ha impactado la demanda de mano de obra.

2. La tecnificación de cultivos estacionales. Las compañías tabacaleras han puesto en marcha un programa de modernización cuyos ejes se centran en la tecnificación y a compactación de tierras. Ambos tiene como propósito ahorrar el uso de mano de obra. La implementación de medidas como la compactación de tierras, la elaboración de planteros aeróbicos e hidropónicos ha tenido impacto directo en la contratación de jornaleros mestizos, los cuales acuden a los mercados de trabajo que antes correspondían a los jornaleros indios.

3. La jornalización de la sociedad mestiza campesina. La crisis del campo mexicano ha traído, por consecuencia, la necesidad de una cada vez mayor jornalización de la sociedad mestiza campesina. Estos se emplean en las etapas del corte del tabaco o el corte de café, en los cuales tradicionalmente se empleaban jornaleros indígenas. Los jornaleros mestizos desplazan a los jornaleros indígenas, ya que la pobreza generalizada en el campo los obliga

a aceptar condiciones labores que anteriormente sólo aceptaban los indígenas.

4. La carencia de productividad comunitaria. Las comunidades indígenas de la Sierra Madre Occidental han visto disminuidas las posibilidades de sobrevivencia en la tradicional agricultura de autoconsumo en que estaban confinadas. Paradójicamente, la introducción de vías de comunicaciones a lugares remotos de la montaña se ha convertido en una desventaja para los pueblos indios ya que con las comunicaciones se ha introducido un estilo de vida basado en el dinero. Eso es, justamente, lo que las comunidades no producen. La necesidad de adquirir dinero obliga a los miembros de las comunidades a incorporarse a trabajos no agrícolas y en particular, a incorporarse en nuevas rutas de la migración.

5. La introducción de nuevas expectativas de vida. La mayor escolaridad de la juventud indígena actual, vinculada a la propagación de nuevas formas de vida a partir de los medios de comunicación: la radio y la televisión, han dado lugar a nuevas expectativas de vida en las nuevas generaciones. De ahí la búsqueda de nuevas posibilidades para adquirirlas.

6. Los programas de becas a los niños en edad escolar. Los programas compensatorios de la pobreza indígena, en especial, el programa de becas Oportunidades, se ha convertido en un mecanismo de separación de los hijos indios del aprendizaje de los adultos. Si anteriormente, la migración se caracterizaba por ser migración de grupos amplios de indígenas, donde se incluía a los niños de las familias, actualmente el programa Oportunidades evita esos aprendizajes de la migración. Basta una falta a la escuela para que la beca sea retirada. De ahí que los niños sean dejados en las comunidades al cuidado de parientes u otras personas de la comunidad, mientras los adultos se trasladan a los lugares de la migración. Este

rompimiento de la familia como el sujeto de la migración, ha posibilitado la migración de los hombres solos al norte del país y a los Estados Unidos.

A diferencia de otras corrientes migratorias indígenas como los grupos oaxaqueños, los huicholes y coras carecen de una larga experiencia de migración hacia el norte. Su inclusión en las rutas de la migración son recientes La inserción de los huicholes y coras del Occidente del país se incrementó en la década de los noventa, cuando la Entidad pasó a convertirse en una de las Entidades que aportaban mayor flujo migratorio.

La migración indígena a los Estados Unidos se convirtió de algo ocasional a un proceso permanente. En una investigación sobre educación indígena realizada entre niños y niñas de las escuelas primarias indígenas en las zonas huichol y cora en el ciclo escolar 1999-2000, los niños adujeron la ocupación de sus padres como "en Estados Unidos". A su vez, algunos relataron como lugar de nacimiento "los Estados Unidos" (Pacheco, 2003).

Las migraciones indígenas de coras y huicholes iniciaron como migraciones de los hombres. Posteriormente, las esposas de los migrantes se suman a la migración, teniendo como principal motivación, el encuentro con el esposo (Medina, 2004). En el caso de los nacimientos en aquellos lugares, los niños son traídos a las comunidades indígenas de la Sierra Madre Occidental y dejadas con los miembros de la familia. Los familiares entrevistados aducen que, de esta manera, los niños "no perderán la costumbre" (Carrillo, 2004).

Lo anterior, también señala la carencia de apoyos familiares en los lugares de destino de la migración, por lo que tienen que remitir los hijos hasta las comunidades. También revela la intención de los migrantes de regresar a sus comunidades. La permanencia de los hijos, y/o la familia, en el lugar de origen, le otorga al migrante la ilusión de que su migración es estacional y por lo tanto, le señala el camino de regreso.

En ocasiones, las madres que permanecen en los trabajos de maquila en las ciudades de la frontera, dejan a sus hijos al cuidado de sus hermanas y abuelas, en tanto consiguen tener las condiciones mínimas para llevarse a sus hijos. Se han documentado casos de mujeres indígenas que dejan a los hijos durante la educación escolar primaria en la comunidad de origen y al término de ella, vienen a recogerlos para llevárselos a la frontera. A ello contribuyen los apoyos que se otorgan para cursar la primaria indígena; la existencia de escuelas en las cercanía de las comunidades, la beca de alimentación mientras se esté matriculado en el sistema escolar y el funcionamiento de albergues escolares.

Las relaciones que establecen los hombres o mujeres indígenas migrantes al norte, con sus familias, atraviesa por nuevos cauces. La ampliación de la cobertura de la telefonía rural, por ejemplo, ha permitido "estar al tanto" de los hijos dejados en las comunidades, lo que descarga a los parientes locales de la responsabilidad total del cuidado de los hijos. En la comunidad huichola de Salvador Allende se extravió un hijo de una de las mujeres migrantes. A la salida de la escuela, el niño no regresó a la casa familiar. Esa conducta no es extraña ya que los niños cuentan con una amplia libertad en las comunidades: suelen irse a cortar frutas, bañarse en el arroyuelo cercano, etc., como parte del camino de regreso a la casa. Las familias no se preocupan por el retraso de los hijos ya que gracias a lo pequeño de las comunidades se establece una vigilancia colectiva sobre todos los niños, lo que hace difícil el extravío de infantes. Tampoco es probable que alguien externo se lleve a los niños ya que la comunidad carece de transporte público para llegar hasta ahí, lo que convierte en ocasional la llegada de personas ajenas a la comunidad. En todo caso, la comunidad tiene todas las posibilidades de saber cuándo vienen personas ajenas al grupo puesto que la ubicación de la comunidad le permite dominar, visualmente, el camino de terracería que permite el accidentado acceso.

El niño había sido dejado con la madre y hermana en la casa familiar. La ausencia del niño alertó a las mujeres, quienes al tercer día de ausencia del infante decidieron llamar por teléfono a la madre del niño, en la ciudad de Tijuana. Ante la imposibilidad de encontrar soluciones desde lejos, la madre pidió permiso en la maquila donde trabajaba para venir a buscar al hijo. Cuando llegó a la comunidad el niño ya había regresado a la casa familiar. Al salir de la escuela, se fue a la comunidad cercana de Atonalisco, acompañando a un niño más grande que él, al cual le habían encargado llevar un recado hasta esa comunidad. Caminaron alrededor de catorce kilómetros entre una comunidad y otra por lo que decidieron no regresar el mismo día. Al llegar a la comunidad y conocer el retorno del hijo, la madre tomo la decisión de "sólo esperar que termine la escuela para llevármelo" (De la Cruz, 2004).

Las rutas de la migración indígena huichola

El conocimiento del trabajo del tabaco en la costa de Nayarit, ha permitido, a los jornaleros indígenas, incorporarse a nuevas rutas de la migración internacional. Los huicholes pueden contratarse en el trabajo de la hoja de tabaco debido al conocimiento adquirido en los tabacales nayaritas. De acuerdo a la información recabada, la migración inicia en Ruiz, Nayarit, puerta tradicional de entrada a la Sierra Madre Occidental. En ese lugar, los indígenas huicholes son reclutados por los contratistas de mano de obra. Posteriormente son trasladados a Monterrey, donde les entregan la visa. Una vez obtenida la visa, los migrantes indígenas se van a los Estados Unidos.

Uno de los trabajos en qué más se solicita el trabajo de indígenas de Nayarit es el relacionado con el tabaco. Como se mencionó anteriormente, la larga experiencia de las etnias cora y huichol en los tabacales del Pacífico Mexicano, les otorgó una especialidad en el cultivo. Por esta razón, los migrantes indígenas se trasladan a Virginia en el mes de abril, donde inicia la plantación de tabaco, una vez que éste madura, lo empacan (Cruz, 2004). De acuerdo a la información recabada, por ese trabajo reciben un pago de ocho dólares la hora.

Si se toma en cuenta la forma de vida de los indígenas, el consumo realizado en los Estados Unidos es mínimo. Los migrantes indígenas viven en los lugares habitacionales proporcionadas por los empleadores. José de Jesús Cruz relata *"le mando todo lo que gano, yo no ocupo nada"* (Cruz, 2004).

Formas de envío de remesas

Los indígenas en Estados Unidos narran tener acceso a diversas posibilidades de envío del dinero prefieren el envío por la cadena de tiendas Electra. De acuerdo con la información recabada es preferible la utilización de las formas señalados ya que en las instituciones bancarias se gira el dinero mediante el pago de una cantidad que varía de 12 a 15 dólares por envío, independientemente de la cantidad enviada. En cambio, en la cadena comercial Elektra el cobro del envío depende de la cantidad enviada. Por ejemplo, por 300 dólares el cobro es de 34 dólares, lo cual encarece el envío. Posteriormente, llama por teléfono a la esposa y le pasa la clave a fin de que pueda recogerlo.

Las mujeres indias y las remesas

En Nayarit existen dos etnias principales: los coras y los huicholes. Las obras pioneras más significativas sobre tales etnias lo constituyen las investigaciones de Carl Lumholtz (Lumholtz: 1890) y Robert Zingg (1935). Los trabajos de Lumholtz dieron origen a una serie de investigaciones sobre diversos aspectos de ambos grupos, pero fundamentalmente, llamaron la atención sobre la religión y el arte simbólico de los huicholes, temas que han seguido llamando la atención de los escasos investigadores sobre las etnias de la Sierra Madre Occidental mexicana. En los estudios realizados, el aspecto referido a la sexualidad y reproducción de las mujeres ha estado ausente. Apenas se encuentran algunas indicaciones sobre "la familia huichol" y las tareas que realizan las mujeres dentro de las fiestas comunitarias.

El papel de las mujeres dentro de las comunidades *wirrárikas* ha carecido de enfoques específicos, apenas se encuentran referencias a ellas al hacer alusión a la familia o dentro del sistema de cargos (Jáuregui, 2003). Ello es particularmente importante en comunidades que transitan por un proceso de cambio. Los *wirrárikas* habitan en la Sierra Madre Occidental, pero en los últimos años se han trasladado a localidades cercanas a la costa del Pacífico y al valle donde se asienta la ciudad de Tepic. Lo primero ha ocurrido desde el siglo XIX como un proceso migratorio temporal en busca de trabajo agrícola, lo cual, en ocasiones, se ha transformado en migraciones definitivas. Lo segundo, ocurre en la actualidad debido a expulsiones de su lugar de origen por la construcciones de grandes obras de infraestructura y motivos religiosos.

Las comunidades indígenas sobrevivientes en el México contemporáneo, son organizaciones con un alto sentido de pertenencia a un lugar, el cual se considera origen y destino. En ese lugar radican los antepasados. La organización se basa en la reciprocidad y se participa en la comunidad a partir de identidades colectivas formadas en torno de la familia. Las comunidades indígenas de hoy son las sobrevivientes de la organización colonial establecida para extraer el tributo y lograr la evangelización en el territorio conquistado (Bonfil y del Pont, 1999:28). Esa organización, hasta cierto punto autónoma, permitió establecer espacios separados de la dinámica nacional. Las comunidades se asentaban sobre un territorio determinado, del cual dependían los habitantes. Las actividades principales eran la agricultura, pesca y caza de autoconsumo y la recolección de frutos silvestres. Contaba con una organización civil y religiosa propia, la cual le garantizaba un sistema de impartición de justicia y una interpretación de estar en el mundo, nacimiento, muerte y destino grupal. También desarrolló un conocimiento de la flora del lugar capaz de conservar la salud de sus miembros.

Esa autonomía, paradójicamente, fue la base para la inserción desigual de las comunidades dentro de la dinámica nacional.

Su autonomía se convirtió en marginalidad social y cultural y en la base para la explotación y despojo de los recursos naturales de las comunidades. Los miembros de las comunidades indias fueron incorporados al desarrollo nacional en la escala más baja de la estructura social: como la mano de obra más barata para los cultivos comerciales ya que los indios aceptaban condiciones de trabajo sin ninguna prestación laboral. Al trasladarse a los núcleos urbanos, los indios se convirtieron en población en desventaja frente a los pobladores urbanos.

A su interior, las comunidades indígenas se organizaron en torno a un principio patriarcal gerontocrático que asigna a las mujeres un lugar basado en la reproducción biológica. La costumbre indígena privilegia el principio masculino en los diferentes niveles de organización y establece la supremacía masculina. La costumbre considera a la familia como el espacio cultural para el desarrollo de las mujeres. De ahí que éstas carezcan de posibilidades de imaginar otro tipo de destino.

El lugar asignado a las mujeres es el de la reproducción biológica. El inicio de la vida reproductiva inicia al mismo tiempo que la maduración corporal. Su entrada a la reproducción es alrededor de los 14-16 años y su salida lo marca la terminación de la menarquía. Su espacio cultural de realización es la familia, por lo que las actividades vinculadas al espacio doméstico se convierten en el conjunto de relaciones desde las cuales tienen presencia comunal.

La pobreza en la que viven las comunidades indígenas provoca que sobre las manos de las mujeres recaiga una gran cantidad de actividades destinadas a lograr la reproducción familiar (Alberti y Zapata, 1997). De ahí que la casa indígena sea, al mismo tiempo, el lugar donde transcurre la vida y el lugar de trabajo. Desde la casa indígena las mujeres participan en la transformación de los alimentos, cuidado de hijos y animales domésticos, confección de ropa y otros artículos para el consumo familiar, etc. También, sobre ellas, recae la reproducción cultural al transmitir los valores esenciales del grupo: lenguaje, mitos, miedos y esperanzas, así como el cuidado de los enfermos y ancianos.

Dentro de la costumbre indígena, las mujeres tienen los derechos derivados de su papel de reproductores biológicas, de ahí que participen en los ámbitos públicos comunitarios a partir de su pertenencia a una familia como hija, hermana, esposa y madre. La costumbre no les asigna derecho como individuo (Pacheco, 1998).

Mujeres indias y cultura étnica

Dentro de los pueblos indios las mujeres tienen una participación específica derivada de su condición de género. A ellas corresponden las labores de reproducción biológica y culturización de las sucesivas generaciones. El poder dentro de los grupos indios es un poder masculino que se distribuye entre los hombres mayores y adultos, en el cual las mujeres tienen una participación en tanto miembros de una familia. El sistema de cargos es masculino pero no se asignan a hombres solos. En la decisión de quien asume el cargo, es tomada en cuenta su situación de jefe de familia. Si el hombre es capaz de organizar un hogar, será capaz de organizar la comunidad.

Las labores de las mujeres indias son particularmente arduas. Realizan la transformación de los productos agrícolas en alimentos de manera rústica, lo cual hace de esta tarea una labor pesada físicamente y laboriosa; realizan el aseo de la casa; los enseres domésticos y la ropa. Acarrean agua desde los lugares cercanos para las necesidades cotidianas, en ocasiones, también acarrean leña para la elaboración de la comida. Confeccionan, y en ocasiones bordan, la ropa familiar, elaboran los morrales y cinturones y fabrican los aretes y pulseras para completar la indumentaria. Junto con los niños, cuidan el ganado, fabrican utensilios de cocina y participan en algunas partes de los trabajos agrícolas. En los días previos a la celebración de la costumbre, el trabajo de las mujeres se multiplica ya que deberán elaborar la comida ceremonial.

En general, se encuentran bajo el poder del jefe de familia ya sea el padre dentro de la familia a la que pertenecen de solteras o al jefe de la familia del esposo cuando se casan. Entre los *nayerij* o *coras* los matrimonios jóvenes viven en la casa paterna del esposo pero entre los *wirrárikas* o *huicholes* es más frecuente que la pareja viva un año en la casa paterna de la mujer como una especie de pago. Después de ese periodo pueden escoger en cuál de las casas vivirán hasta en tanto construyan su propia habitación.

Pobreza y migración étnica

La pobreza en que viven las comunidades *wirrárikas* de Nayarit ocasiona la adopción de la migración como una forma de adquisición de recursos monetarios. La destrucción de las formas de producción indígena basadas en la agricultura de temporal, la recolección de frutos, el aprovechamiento de los bosques y la pesca, ha dado por resultado la necesidad de incorporar una mayor cantidad de dinero al interior de las familias indígenas. Ello ha ocasionado un empobrecimiento generalizado de las comunidades indias ya que, por una parte, carecen de las posibilidad de reproducir sus formas de producción de bienes de consumo de acuerdo a los saberes indígenas y por la otra, sus condiciones de etnia se convierten en desventajas sociales lo que los convierte en población con escasas posibilidades de insertarse en las ocupaciones del mercado formal e informal.

Es por ello que ante la imposibilidad de acceder a ocupaciones capaces de generar el dinero suficiente para el sostenimiento de la familia, éstas han optado por incursionar en la migración al norte del país y a los Estados Unidos. En primera instancia migran los hombres y en segunda, las mujeres.

Migración masculina y mujeres comunitarias

Si bien la identidad de los grupos indios ha estado asociado al territorio y la cultura, la migración de los hombres fuera de la comunidad genera nuevos retos para mantener la cohesión, permanencia, continuidad y reproducción de las culturas indias asediada por la sociedad mestiza. Las migraciones indias se caracterizaban por ser migraciones familiares donde todo el grupo familiar se trasladaba de la comunidad originaria hasta los lugares de trabajo. En esos lugares el grupo comunitario permitía la reproducción de la unidad doméstica. Los diferentes miembros de la familia tenían un lugar dentro del trabajo realizado, de tal manera de actuar como un trabajador colectivo. Los hijos pequeños y los miembros más viejos del grupo hacían labores complementarias (acarrear hojas, cortar frutos a un ritmo más lento, acarrear leña, etc.,) en tanto que las mujeres jóvenes se responsabilizan de tareas de mayor complejidad. En esta división del trabajo los hombres realizaban los trabajos más pesados. También eran ellos los interlocutores del grupo indígena ante los contratadores mestizos.

La pobreza rural, la crisis del campo ha estrechado las opciones para las poblaciones rurales, en especial, ha construido un cerco de pobreza entre las mujeres indígenas. De ahí que las migraciones indígenas tengan una nueva característica: la migración de los hombres solos hasta las áreas urbanas y las regiones agrícolas comerciales en busca de oportunidades de empleo capaz de otorgarles recursos dinerarios. En este nuevo esquema, las mujeres se quedan en las comunidades indias. Inclusive, aumenta el número de hombres solos que se trasladan a la frontera norte del país y a los Estados Unidos en busca de trabajo.

Migraciones y lugares sociales de las mujeres indias

Ante la ausencia del hombre de la relación de pareja, las mujeres quedan al cargo de otros hombres: el padre del esposo, el hermano del esposo, el hijo más grande. A diferencia de las mujeres rurales y del ámbito urbano, las mujeres indígenas no cambian de lugar al interior de la familia.

La posición de subordinación de la mujer en la familia no cambia en virtud de la migración del esposo. El lugar del esposo es ocupado por los otros hombres del grupo en un proceso de reforzamiento de la autoridad patriarcal comunitaria. Si algún cambio ocurre ello se refiere a la pérdida de espacios de libertad puesto que todos los hombres del grupo familiar se convierten en vigilantes de las mujeres. Ellas tienen que darles cuenta de los movimientos realizados durante el transcurso del día. En cambio, cuando el esposo se encuentra en la comunidad, la responsabilidad de lo que realice la esposa o deje de realizar, corresponde sólo al esposo. Pasan de una subordinación individual y específica a una subordinación colectiva y difusa.

Aún más, las mujeres adquieren una obligación mayor respecto del grupo familiar. Ello, porque, en ocasiones, adquieren obligaciones respecto de los hombres del grupo familiar. Así, elaboran comida para ellos, se responsabilizan del cuidado de animales, la confección de ropa, etc. En cambio, carecen de posibilidades de negociación de pequeños espacios.

Durante la ausencia, los hombres son representados por las mujeres. Ello ocurre porque los hombres tienen cargos en la organización civil y religiosa que deben ser cumplidos durante el ciclo aceptado (por los hombres). La ausencia de los hombres trastoca el lugar de las mujeres, ya que de ser las representadas, pasan a representar a los ausentes. Aún así su lugar en la comunidad es un lugar mediado. Ellas representan al ausente, no se representan a sí mismas. Las que no tienen capacidad de representarse a sí mismas se convierten en representantes en un proceso que las subordina por partida doble.

Los migrantes regresan a realizar la costumbre. Las fiestas comunitarias se convierten en los procesos de identidad colectiva donde se reconocen todos los pertenecientes al grupo. Las mujeres saben que los hombres regresarán y entonces, los cambios generados en el ámbito público de la comunidad a partir de la migración masculina, adquieren nuevos significados. Uno de ellos se refiere a las mujeres como posibilidad de representar.

Mujeres indias y remesas

Las condiciones específicas de las mujeres indias (mayor monolingüismo, mayor analfabetismo y la falta de credencialización) les proporciona desventajas en su relación con el mundo formal de la economía. Ante la ausencia del esposo las mujeres adquieren una nueva relación con la sociedad mestiza. Específicamente deben salir de las comunidades a fin de cobrar el dinero enviado. Ello implica nuevos aprendizajes de las mujeres. Los aprendizajes se refieren a:

- Traslado a localidades urbanas cercanas
- Necesidad de credencialización a fin de identificarse para cobrar las remesas
- Conocimiento de los movimientos necesarios a fin de cobrar las remesas

Dependiendo del aislamiento-comunicación de las localidades indígenas, el proceso para acceder a las remesas puede iniciar con una llamada de teléfono (vía telefonía rural) o el envío de una carta donde se avise sobre el depósito de remesas. Cada vez se utiliza, en mayor medida, el primer procedimiento, debido a la seguridad que genera hablar directamente con la persona destinataria. En estos casos, el migrante avisa sobre el depósito realizado, con la especificidad de la cantidad y, sobre todo, en qué negocio se realizó el depósito. Algunas mujeres refieren la ventaja de preferir recibir los depósitos vía Elektra debido a la flexibilización para aceptar identificaciones no oficiales (carta expedida por la comunidad).

El proceso de cobrar el envío se convierte en un verdadero proceso de incertidumbre para las mujeres. Trasladarse a localidades urbanas sin conocer del todo los símbolos de esa sociedad urbana e inferiorizadas ante el mundo mestizo, las convierte en población vulnerable ante las oficinas bancarias, casas de cambio y negocios especializados. Basta el desconocimiento de los horarios de apertura de bancos para que el viaje se convierta en un viaje infructuoso. En estos casos, tienen que regresan a la comunidad sin haber cobrado las remesas o buscar un refugio provisional para esperar el día siguiente a fin de hacer efectivo el cobro.

Uso de las remesas

El dinero enviado a través de remesas se utiliza para gasto corriente. Habitualmente, las mujeres adquieren abasto de alimentos en la misma localidad urbana donde cobran la remesa. Otra parte, la dedican a pagar las deudas contraídas durante el lapso entre una remesa y otra.

La pobreza en que se encuentran las familias indias impide destinar las remesas para ahorro. Cuando regresa el migrante, generalmente a realizar la costumbre, él trae el dinero necesario para gastar durante la fiesta o realizar alguna mejora a la casa con lo traído. Generalmente, los migrantes no esperan que la esposa haya guardado alguna cantidad como ahorro *"Uno o dos meses ahorro y me lo traigo en mi bolsita"* (Cruz, 2004), pero les permite tener tranquilidad.

Existe la percepción de que la migración permite un aumento del bienestar de las familias indígenas. Ello ocurre tanto en los indígenas de la montaña como los que se encuentran más cerca de los asentamientos urbanos de la entidad *"Esta casa la he hecho con lo poquito que ahorro"* (Cruz, 2004). Les permite, también, tener seguridad sobre la alimentación de la familia que radica en la localidad *"Sé que no les falta para la Maseca"* (De la Cruz, 2004)

Reflexiones finales

Las mujeres indias viven una paradoja ante la ausencia del esposo con motivo de la migración: por una parte cubren la ausencia del esposo ante los cargos comunitarios de manera tal de salvar las obligaciones asumidas por éste ante la organización civil y religiosa. Es decir, actúan en el ámbito público *a través* de otra persona, Por la otra, en el ámbito de la vida privada, entran a un proceso de control por los miembros masculinos del grupo. En ese proceso pierden libertad, se convierten en mujeres bajo sospecha.

El regreso de los hombres a la comunidad no asume los cambios ocurridos en las mujeres, simplemente las devuelve a su lugar tradicional: el lugar de la reproducción biológica asignado por la costumbre y recreado en las fiestas comunitarias.

El dinero enviado por las remesas no se convierte en ahorro para las familias indias que quedan en la comunidad, ya que es utilizado en los gastos del mantenimiento diario. Ni siquiera se convierte en una derrama de dinero al interior de la comunidad, puesto que el dinero es gastado en la localidad urbana donde se cobra la remesa.

Por lo tanto, las migraciones masculinas significan una pérdida de espacios para las mujeres indias que se quedan en las localidades; las enfrenta a un mundo mestizo en condiciones de desventaja y las convierte en representantes del otro.

Bibliografía citada

Alarcón Rafael y Rick Mines. 2002. "El retorno de los solos. Migrantes mexicanos en la agricultura de Estados Unidos", en Anguiano Téllez, María Eugenia y Hernández Madrid, Miguel J. (eds.) *Migración Internacional e identidades cambiantes*, El Colegio de Michoacán, El Colegio de la Frontera Norte, México, pp.43-70.

Alberti, Pilar y Emma Zapata (coordinadoras). 1997. *Desarrollo rural y género. Estrategias de sobrevivencia de mujeres campesinas e indígenas ante la crisis económica*, Colegio de Posgraduados, Programa de Estudios del Desarrollo rural, Area género y mujer rural, México.

Bonfil Sánchez Paloma y Del Pont, Raúl Marco, 1999. *Las mujeres indígenas al final del milenio*, México, Fondo de Naciones Unidas para la Población, Secretaría de Gobernación, Conmujer, p.28

Carrillo, Elena. 2004. *Entrevista a madre de mujer indígena migrante*, Salvador Allende, municipio de Tepic, Nayarit

Cruz de la Rosa, José de Jesús. 2004. *Entrevista a huichol de Carretón de Cerritos*, municipio de Tepic, Nayarit, noviembre.

De la Cruz, Otilia. 2004. *Entrevista a mujer indígena migrante,* Salvador Allende, municipio de Tepic, Nayarit

Françoise Lestage. 2002. "La emergencia de "neocomunidades" étnicas en Tijuana", en Anguiano Téllez, María Eugenia y Hernández Madrid, Miguel J. (eds.) *Migración Internacional e identidades cambiantes,* El Colegio de Michoacán, El Colegio de la Frontera Norte, México, pp.145-162.

Jáuregui, Jesús. 2003. "El Chaánaka de los coras. El Tsikuri de los huicholes y el Tamoanchan de los mexicas", en Jesús Jáuregui y Johannes NEURATH (eds.), *Flechadores de estrellas. Nuevas aportaciones a la etnología de coras y huicholes,* México, Universidad de Guadalajara / Instituto Nacional de Antropología e Historia, 2003.

Lumholtz, Carl. 1986.*El* México Desconocido, México, Instituto Nacional Indigenista, tomo II, 1986

Mackinlay, Horacio. 2001. *Crisis del intervensionismo estatal y nuevos arreglos institucionales en la rama del tabaco. La empresa paraestatal Tabamex (1972-2000) y su privatización durante los años noventa,* tesis de doctorado, Universidad Nacional Autónoma de México, México.

Medina, Zenaida. 2004. *Entrevista a mujer indígena migrante,* Salvador Allende, municipio de Tepic, Nayarit

Pacheco, Lourdes. 1998. "Condición de género entre las huicholas de Nayarit", en *El Cotidiano,* UAM, México, enero-febrero: pp 94-101.

--- 1999. *Nomás venimos a malcomer. Jornaleros indios en el tabaco en Nayarit,* Tepic, Nayarit, Universidad Autónoma de Nayarit.

---2003. *Educación que silencia. La educación indígena en Nayarit,* INI-UAN, Tepic, Nayarit

--- 2002. "Derechos humanos de las mujeres indias", en *La Ventana,* revista de estudios de género, Universidad de Guadalajara, Centro de Estudios de Género, no.15: 106-119; vol. II, enero-junio.

Zingg, Robert. s/f. *Los huicholes,* México, Instituto Nacional Indigenista, tomo 2

CAPÍTULO 3

No regresaremos. Migración de mujeres indígenas *nayerij* y *wixaritari*

Introducción

El estudio de las migraciones indias inició posteriormente al estudio de las migraciones en general. La visibilidad de las migraciones de pueblos indios ocurrió cuando prácticamente las comunidades habían traspasado las fronteras portando sus características étnicas en ambos lados.

Las migraciones indias empezaron siendo migraciones de jornaleros agrícolas dentro del país, fundamentalmente a cultivos que requerían mano de obra en diferentes partes del cultivo, pero la crisis de la agricultura mexicana ha dado como resultado la disminución de la superficie agrícola dedicada a tales cultivos. Así mismo, la crisis del café, en la cual los indios de México han tenido un papel protagónico, ha dado por resultado el abandono de esos cultivos y ha acelerado la migración india. Los anteriores han sido factores que han propiciado la disminución de la migración en el interior del país y han propiciado su aumento hacia los Estados Unidos.

La migración india modifica el rostro de las comunidades indias en el interior del país. Es ilusorio pensar que las comunidades indias conserven las mismas características que tenían hace 30 o 40 años. Tanto la migración como otros aspectos, tales como la electricidad, la escolaridad, las comunicaciones, influyen en la modificación de las comunidades indias.

Anteriormente, las migraciones indígenas de los *nayerij* y *wixáritari* eran estacionarias. Su dirección principal se dirigía a los campos tabacaleros y cafetaleros de la costa de Nayarit durante las temporadas de zafra, generalmente de enero a junio de cada año. Sin embargo, la disminución de las hectáreas dedicadas a esos cultivos, junto con las imposibilidades de sobrevivencia en su lugar de origen, ha dado por resultado la migración de las comunidades indias de la Sierra del Nayar.

Hoy los indios se dirigen hacia las ciudades de la frontera norte del país y hacia los Estados Unidos. En el presente documento se realiza una primera aproximación a las características de las mujeres *nayerij y wixaritari* hacia esos lugares de destino. Para ello se utiliza la información obtenida a través de entrevistas entre mujeres coras migrantes de Jesús María, Nayarit, y de mujeres huicholas migrantes de la comunidad india de Salvador Allende, del municipio de Tepic, Nayarit.

La perspectiva de género en las migraciones

Las mujeres indias migrantes han sido incluidas dentro de la mirada androcéntrica y etnocéntrica. En el primer caso se le consideraba como acompañante del migrante varón, quien tenía como finalidad seguir siendo el proveedor del hogar en tanto que ella se dedicaba a la reproducción social. En el segundo, como parte de la migración étnica, en donde las mujeres seguían el destino del grupo social. La pertinencia del estudio de la migración india femenina tiene caso a partir de la consideración de la construcción de género como un sistema de relaciones que estructura la sociedad. Desde este punto de vista, para el estudio de la migración de mujeres indias se tomó como unidad de análisis el *grupo comunitario indio*.

El *grupo comunitario indio* se refiere al conjunto de personas que intervienen en el proceso de producción, reproducción, consumo y socialización y las relaciones sociales a su interior. Incluye las redes migratorias las cuales están atravesadas por dos ejes: el parentesco y la pertenencia al pueblo indio de referencia.

En el caso del parentesco se tomó en cuenta todas aquellas personas pertenecientes a la familia de la migrante, especialmente mujeres, que contribuyeron de alguna manera a la migración, ya sea como ayuda, cuidando a otros miembros de la familia, niños y ancianos o aportando trabajo o bienes para posibilitar la migración. La pertenencia al pueblo indio de referencia, se refiere a la parte comunitaria de la red, en la cual se reproducen las relaciones de género y de etnia en la migración.

A fin de apuntar en el debate sobre la pertinencia del uso de la categoría género como expresión identitaria fundacional, reconociendo su incapacidad de dar cuenta de otras dimensiones como la de etnia, región, edad, cultura, etc., en el presente texto se utiliza la categoría género con el uso que le otorga Scott (1996) en tanto se trata de una categoría que hace alusión a la diferenciación social producida por procesos culturales de inscripción identitaria sobre cuerpos sexuados, al mismo tiempo que indica una experiencia primaria del ejercicio social de poder.

Las migraciones y las mujeres

Visibilizar a las mujeres indias como sujetos del discurso migratorio permite conformar una perspectiva más compleja y completa de la problemática migratoria. En el presente caso se intenta identificar y explorar los componentes del binomio mujer india y migración a partir de los factores culturales y socioeconómicos que influyen en la constitución identitaria india-femenina.

La relación entre las mujeres indias y la migración no se funda en pretensiones etnicistas, según las cuales las mujeres indias tienden a conservar la identidad comunitaria por sí mismas, sino

que es compleja y multideterminada en correspondencia directa
con la situación actual de las mujeres dentro de los pueblos indios.
Esa condición es heterogénea ya que las mujeres indias transitan
por periodos de cambios al interior de comunidades que, a su vez,
se encuentran en cambio. La encrucijada latente de las mujeres es
cómo conciliar la ampliación de sus derechos como mujeres en
tanto se busca el reconocimiento y ampliación de los derechos de
los pueblos indios.

En las comunidades indias el género organiza la vida
cotidiana a través de la patrilocalidad de la familia, el ejercicio
de poder patriarcal familiar y comunitario, y la división de
labores en el ámbito familiar-comunitario. El ámbito simbólico
contiene las disposiciones para esa organización: la vida terrenal
se realiza porque existe otra vida paralela a la cual la primera hace
correspondencia y armonía. La división sexual del poder y del
trabajo, en el terreno migratorio se convierte en un uso diferenciado
de la migración desde lugares sociales diferentes. Cada género
accede y usa de manera distinta la posibilidad de la migración, la
cual se convierte en un recurso con significados diversos de acuerdo
al género y la edad.

En este sentido, la enseñanza de la migración desde temprana
edad, dentro de grupos familiares de jornaleros agrícolas a la costa
del Pacífico es un acto de disciplinamiento corporal de las niñas y
niños del grupo. Se convierte en una práctica concreta del uso de la
migración, en labores genéricamente atribuidas.

Los orígenes de la partida

Las migraciones de mujeres indias (y en general, las
migraciones de mujeres) tienen escasas posibilidades de ser incluidas
dentro de simbolismos que les den cobijo. Aunque dentro de
las cosmogonías de los pueblos indios, las mujeres, en calidad de
fuerzas femeninas han participado de la creación del mundo e
intervienen en el ciclo agrícola, en la situación real de las mujeres
wixaritari, esa participación se limita a intervenciones puntuales

dentro de ciertas ceremonias; son excluidas de los cargos civiles y religiosos y asumen el destino de la familia del esposo.

Si bien los varones del grupo étnico inician la migración debido a la necesidad de proveer los recursos necesarios a la familia, en el caso de las mujeres que migran solas la explicación de la partida tiene que ver con consideraciones sociales más que con la necesidad de garantizar el sustento familiar. Sin embargo, la exclusión de las mujeres de los cargos civiles y religiosos las dejan libres para convertirse en jornaleras agrícolas en los campos cercanos y posteriormente, para trasladarse a lugares más alejados. Por el contrario, la sujeción de los hombres a los distintos cargos, se convierte en una atadura a la localidad. De ahí entonces, que, en algunos casos, las mujeres se conviertan en las reales proveedoras al interior de las familias, tarea que es realizada en colectividad dentro de grupos familiares amplios.

Las mujeres son independientes, también, del ciclo agrícola, de ahí que la búsqueda de ingresos a la familia poco tenga que ver con el destino del campo y sí, en mayor medida, con las habilidades que ellas puedan desplegar como artesanas, trabajadoras domésticas o jornaleras agrícolas.

Esta relativa independencia de las mujeres *wixaritari* les permite realizar traslados más amplios dentro del territorio y ausentarse de la comunidad por periodos más largos. La equivalencia de las mujeres al interior de una misma familia, la posibilidad de ser sustituida por otra mujer del grupo ayuda a aumentar la independencia, en caso de que ésta sea necesaria. El sistema de cargos ceremoniales, en el pueblo *wirrárika*, es otorgado a los varones adultos *en pareja*. Ello implica que el cargo es asumido por el varón y su esposa, pero ante la ausencia de esposa, éste lugar puede ser asumido por la madre del varón, por la hija o por otra mujer del grupo familiar. De lo que se trata es de que exista la parte masculina y femenina en la asunción del cargo.

Debe tomarse en cuenta que el grupo *wirrárika* acepta la poligamia, lo que permite que el varón seleccione una de sus esposas para cumplir las obligaciones del cargo. La presencia de las mujeres es necesaria, ya que el cargo asumido por el varón implica organizar comida ceremonial, preparar las ofrendas y otras actividades domésticas que permitan al varón cumplir el cargo.

La llegada al lugar de destino

Los migrantes indios lo hacen dentro de un campo simbólico de referencia que se refuerza a partir de la migración, pero al mismo tiempo, adquiere modificaciones a partir de ella. Dentro de ese campo simbólico se encuentra el lugar social al que pertenecen las mujeres, el lugar asignado a éstas dentro de la organización del grupo, los mitos y las leyendas.

El término *grupo doméstico* se refiere al conjunto de personas que intervienen en el proceso de producción, reproducción, consumo y socialización (Gregorio, 2002) ya sea que se encuentren en el lugar de origen o en el lugar de destino de la migración. Por su parte, el concepto de *red migratoria* hace alusión a un conjunto más amplio de relaciones donde se incluyen todas aquellas relacionadas con la posibilidad y el acto, en sí, de migrar: todo aquello que permita llevar a cabo la migración.

¿Por qué migran las mujeres indias?

Es muy posible que el proceso de empobrecimiento generalizado de los grupos indios provoque la destrucción de las posibilidades de reproducción de las familias indias. Las condiciones tradicionales en que ocurría esa reproducción son alteradas por el impacto de la economía dineraria, por lo que un primer resultado es la imposibilidad de las familias para seguir viviendo a partir de la siembra de temporal, las cosechas temporales en la costa del Pacífico y la venta de artesanía.

En el presente texto se presentan tres entrevistas realizadas a mujeres indígenas migrantes. Una corresponde a Zenaida de la Cruz, wirrárika de Salvador Allende, del municipio de Tepic. La segunda corresponde a Angela de la Cruz, de la misma comunidad y hermana de la primera y la tercera corresponde a Herminia de Jesús, cora de Jesús María, del municipio del Nayar. Ambas comunidades del Estado de Nayarit.

La comunidad *wixaritari* de Salvador Allende se encuentra en la entrada de la Sierra Madre Occidental. Para llegar a ella se tiene que pasar por una carretera de terracería de siete kilómetros, la cual está conectada a la carretera de la Presa de Aguamilpa y de ahí a vías de comunicación nacionales e internacionales, permitiendo un relativo fácil acceso. Por su parte, la comunidad de Jesús María se encuentra en la Sierra Madre Occidental y, por carretera de terracería, el viaje dura aproximadamente doce horas.

Zenaida relata:

> "Me fui a trabajar a Tijuana, como habrá unos 4 años. Por ahí como en el 2001. Me fui a trabajar porque aquí cociendo pos no me salía y dije pos voy a ir para allá a trabajar, porque para allá está fácil, allá me voy a ir y me llevé a todos los niños, porque no tenía quien me los cuidara aquí" (Zenaida, 2005).

Ángela, a su vez, relata

> "Me fui a Tijuana a los quince años porque me enfadé de cuidar a mi mamá. La operaron de la matriz y tuve que cuidarla durante un año. Perdí la escuela. Estaba en la secundaria cuando me sacaron para que cuidara a mi mamá. Tenía un tío en Tijuana así que me fui para allá. Llegando no pude trabajar en casi nada porque estaba muy chica, era menor de edad. Así que sólo trabajaba lavando platos y haciendo esas cosas. Tampoco tenía papeles de escuela porque en la secundaria no me quisieron dar los de la primaria. Cuando iba a recogerlos me decían que terminara la secundaria y pues, cómo, si ya no se podía" (Ángela, 2004).

Herminia, por su parte, se fue a trabajar a California dentro de la familia de destino.

Como se observa, las razones de la migración tienen que ver con la situación familiar en que se encuentran las migrantes. El esposo de Zenaida se había ido al norte desde tiempo atrás, lo que originó que ella se quedara sin sustento en el pueblo:

> "Cuando me fui no tenía esposo. No, pos ya no, pos ya se había ido. El se fue para el otro lado y ya no volvió. Se fue para Texas y ya no volvió. Sé que por allá está, pero ya no viene aquí al pueblo. Por allá está" (Zenaida, 2005).

En el caso de Ángela, la causa de la migración fue carecer de posibilidad de vida en la localidad y, hasta cierto punto, la posibilidad de seguir un camino que otros familiares ya habían cursado. La llegada con tíos y familiares le permitió realizar el viaje y tener la posibilidad de una primera socialización en el lugar de destino. Tanto en Zenaida como en Ángela, la decisión de migrar fue de ellas.

En Herminia, en cambio, la decisión de migrar no fue tomada por ella, sino que fue una decisión del esposo.

Las redes migratorias

En los tres casos, las redes migratorias posibilitaron la migración, independientemente de la situación familiar en que se encontraban las mujeres indígenas.

> "Yo antes no había ido a Tijuana. No, era la primera vez. Me fui porque es que como allá están mis hermanos, por la facilidad de ellos, pos me fui. Ellos ya se había ido antes, ya tenían como tres años por allá. Cuando llegué ahí estuve con ellos. Ellos no me invitaron a que me fuera, sino que yo sola me fui.

Me fui porque pos una muchacha me invitó, una de la colonia, su papá nos pagó el pasaje y todo, porque yo cómo me iba a ir, nos pagaron el pasaje y por eso me fui, y allá también rentando las dos nos quedamos. Yo y la muchacha, esa que me llevé, y ya con el tiempo ella se apartó y yo me quedé con mi familia.

Cuando llegué un tiempo estuve con mis hermanos, nomás un mes, y ya después ya no. Ya me aparté" (Zenaida, 2005).

La familia indígena

Si bien las redes migratorias permiten lograr la empresa de la migración, en tanto proceso de salida y llegada, así como una socialización primaria, la familia indígena posibilita la permanencia en el lugar de destino y el retorno al lugar de origen. Para Ángela y Zenaida, fue el apoyo de miembros de la familia, quienes se hicieron cargo de los hijos durante las jornadas de trabajo, lo que posibilitó la obtención de empleo y la permanencia en él.

"El más chiquito tenía tres o cuatro años. Pos el otro tenía 13 años, el más grande, y éste tenía nueve y el chiquito me lo llevé de seis meses, pero cuando me fui no me llevé al más grande, nomás a estos dos. Al más grande lo dejé con mi mamá" (Zenaida, 2005).

"Yo dejo a mis hijos con mi hermana. Me llevé una hermana para que me ayude a cuidarlos mientras yo voy a trabajar. Ella nos cuida los hijos a todas las hermanas que nos vamos a trabajar. Ahora vine porque tengo dos hijos aquí con mi mamá" (Ángela, 2004).

La migración de mujeres solas con hijos provoca, a su vez, la migración de las hermanas menores. Ello ocurre con las mujeres solas porque son ellas las que deben insertarse al mercado laboral. En los casos en que la mujer migra como esposa de un varón, en un primer momento es él el que ingresa al mercado laboral, en tanto ella realiza las labores de reproducción en el hogar. Es hasta cuando los hijos crecen, cuando las mujeres con esposo, pueden entrar a su vez, al mercado laboral.

¿Por qué los hijos más grandes son dejados en la comunidad y, en cambio, las mujeres se llevan a los hijos pequeños? Pareciera que el caso debería ser el contrario, toda vez que los hijos mayores podrían convertirse, a su vez, en trabajadores y con ello, ayudar al sostenimiento del hogar en el lugar de destino de la migración. Sin embargo, ello no es así toda vez que las condiciones que ocurren en la localidad permiten que los hijos mayores tengan mayores ventajas sin permanecen en la localidad que si la abandonan.

El sistema de albergues-escuela instalado por la Secretaría de Educación Pública (SEP) y la Comisión Nacional para el Desarrollo de los Pueblos Indios (CDI) otorga becas de alojamiento y alimentación a los niños indios en edad escolar. Esa beca cubre, en una primera instancia, la educación primaria, y en una segunda, en ocasiones, la educación secundaria. De ahí que las mujeres migrantes prefieren dejar a sus hijos en edad escolar en la localidad a fin de que sigan siendo beneficiados con la beca de alimentación, que trasladarlos con ellas al lugar de destino de la migración.

La madre de las migrantes se convierten en la responsable de cumplir con las actividades escolares correspondientes a padres y madres de familia. En el caso del sistema de escuelas albergues esa responsabilidad tiene que ver con jornadas comunitarias de aseo, elaboración de comida, acarreo de leña para la cocina del albergue. Ocasionalmente, las madres de familia deben acudir a realizar tareas como pintar la escuela, atender la parcela escolar o realizar limpieza general del albergue. La madre de las migrantes atiende a todos los nietos en edad escolar, por lo que se trata de una tarea multiplicada por el número de nietos de los cuales se hace responsable.

"Para mi mamá es mucha carga. Para ella también, tiene muchos nietos. Aquí se los dejaron. Pos ahí están todos. Hu, como unos siete, yo creo. Son muchos, son de las hijas que se fueron, de las que están allá, son sus hijos que están aquí. Los dejan aquí mientras están en la escuela. Pos horita están en la escuela. Cuando salen ya no, se los llevan, o a veces mandan dinero. No siempre, pos no cuando no trabajan".

La madre de las migrantes es la receptora de las remesas familiares de las hijas. Con el envío, las mujeres migrantes cumplen con el sostenimiento de sus hijos y a su vez, contribuyen al sostenimiento del grupo familiar, ya que las remesas son utilizadas en forma colectiva por todos los miembros que se quedan en la localidad.

"Aquí se quedan con mi mamá. Si, se quedan con mi mamá. Y ella lo que le mando lo usa para la comida y todo. Si, para la comida, aunque no nomás para ellos, para todos… Yo mandaba dinero para acá. Sí. Le mandaba dinero a mi mamá cada quince días le mandaba $500, a veces $1000 pos para los niños porque aquí estaban" (Zenaida, 2005).

La responsabilidad del cuidado de esos hijos recae sobre la abuela, ya que ella es la que se encarga de estar al pendiente de niño. Ese encargo no está exento de dificultades, sino que se realiza, por parte de la abuela, como una ayuda a sus hijas, pero también, como una responsabilidad que no puede evadir. En estos casos, la responsabilidad final de los hijos es la madre, aun cuando ésta se encuentre en Tijuana o en algún lugar de Estados Unidos. La existencia de telefonía rural permite, hasta cierto punto, la localización casi inmediata de madres/hijas, en caso de que sea necesario.

"El domingo me avisaron que un hijo andaba perdido
y me vine luego luego en el camión. Ya apareció porque
se había ido detrás de otro niño más grande que sí sabe
irse a muchos lados, a Atonalisco y hasta Tepic. Me los
quiero llevar hoy mismo porque hoy me voy a regresar.
Tengo un niño chiquito que no puedo dejar. Mi mamá
me dice que me espere a que termine la escuela porque
ya no falta casi nada. Así me lo llevo con papeles y allá
lo puedo volver a meter a la escuela" (Ángela, 2004).

Cuando la madre de Ángela, le avisó a ésta sobre el extravío del
niño, pidió un permiso en la maquiladora donde trabajaba, a fin de
venir a buscar al infante. Esa labor ya no podía hacerla la mamá,
ya que implicaba movilizarse, teniendo que dejar al resto de los
niños que cuidaba. Por lo tanto, las actividades que realiza la madre
de las migrantes se refieren a aquellas necesarias para que los hijos
asistan a la escuela, permanezcan con los beneficios de la beca de
alimentación o alguna otra beca de los programas compensatorios
del gobierno federal. Esta circunstancia origina que los hijos más
grandes permanezcan en la comunidad hasta que dejan de ser
titulares de beneficios sociales por salir de la condición de niño/
indígena/alumno.

En el caso de Herminia de Jesús, el grupo doméstico le permite
tener un lugar de llegada en la comunidad, pero no se convierte
en el soporte para el ingreso de ella al trabajo. Lo que sí le permite
es contar con un lugar donde el niño podrá ser socializado en la
cultura comunitaria étnica. Una vez que los niños tienen la edad
suficiente para entrar a la escuela, entonces son enviados a la
comunidad de origen y es cuando la madre tiene posibilidades de
entrar al mercado laboral. El crecimiento de los hijos la libera de
las tareas del cuidado diario, porque ese cuidado se traslada a la
comunidad de origen en la Sierra Madre Occidental.

"Tengo un niño así que ya me vine. Vine para la fiesta
porque soy de aquí. Mi señor también trabaja allá. Allá

se quedó él y yo quiero ver si me devuelvo aquí, pero no sé" (Herminia, 2005)

¿Migración temporal o permanente?

Las mujeres indias, cuando se trasladan a la frontera norte o a los Estados Unidos, tienen la intención de regresar a su comunidad. Sin embargo, no siempre es posible llevar a cabo ese regreso por diversas razones. Entre ellas, deben señalarse las siguientes:

1. **El nulo cambio en las condiciones que propiciaron la migración.** Cuando las mujeres regresan a la comunidad de origen se encuentran sin posibilidades de obtener ingresos, por lo que, aún cuando el regreso haya sido necesario o forzado, en un corto tiempo se convencen de la imposibilidad de permanecer en la localidad. Ello las motiva a buscar la forma de, nueva cuenta, emprender el camino de la migración.

   "Pues pienso ir, en estos días el Sábado se va a ir mi prima. Y estoy pensando de nuevo en irme. Me voy a llevar a los niños. No, me los voy a llevar, dejaría nomás a este al grande. Esta en cuarto y que termine la escuela. Me llevaré nomás aquel, él está en el kinder. Ya cuando esté de más altura ya se vendría. Pierden la escuela si me los llevo. Este me lo llevé y por eso perdió un año" (Zenaida, 2005)

2. **La posibilidad de fundar una familia de destino en el lugar de llegada.** Ello ocurre cuando las mujeres se unen en pareja con otro migrante en el lugar de llegada. Se ocasiona la fundación de una familia cuyos intereses no siempre están puestos en el retorno al lugar de origen de la

mujer. Aún cuando el esposo sea de la misma comunidad, la nueva pareja tiene posibilidades de realizar una familia de acuerdo a nuevos patrones de comportamiento, fuera del registro que realiza la familia y la comunidad del lugar de origen.

"Allá conocí a mi esposo. También es de aquí pero no vamos a regresar. Aquí no hay nada que hacer" (Ángela, 2004).

3. **La realización de un patrimonio propio en el lugar de llegada**. A contrario de lo que ocurre en las comunidades de origen, en las comunidades de destino las mujeres indígenas migrantes tienen posibilidades de construir un patrimonio propio. Ello es así debido a las posibilidades de poblar un terreno con nulos servicios públicos, iniciando de esta manera, el poblamiento de zonas marginales en las ciudades. La carencia de servicios públicos no es un factor que impida el poblamiento toda vez que las mujeres migrantes provienen de localidades cuya característica es, justamente, la carencia de servicios públicos. De ahí la relativa facilidad para adaptarse a las nuevas condiciones. A su vez, el poblamiento de terrenos marginales, permite a las mujeres migrantes, no gastar ingresos en renta de casas en las orillas de la ciudad, y de esta manera, hacer e incrementar un patrimonio propio.

"En Tijuana, ya después conseguimos casa, primero no teníamos pero hicimos casa, y ahí estuvimos en la casa y mis hermanos todos se fueron para allá y ya no pagaba renta ni luz ni agua en la colonia, pero apenas se estaba formando. La colonia se llamaba Nueva Esperanza. Es la que se quemó. Es esa (Zenaida, 2005).

4. **La asunción de nuevos estilos de vida en el lugar de llegada**. El ingreso a nuevas formas de vida, les permite a las mujeres, escapar de la situación de etnia que no siempre les favorece. Ello, sin embargo, depende de cada grupo indio y a su vez, de las condiciones de las propias familias de mujeres migrantes. Puede ser que ese proceso ya hubiere iniciado desde la localidad de origen y el proceso migratorio lo acelere. En el caso de Zenaida y Ángela, ellas habían dejado de realizar la costumbre wirrárika desde el tiempo en que vivían en la comunidad, debido a su conversión a la iglesia evangélica y el consecuente abandono de la costumbre wirrárika. Dentro de la comunidad, habían sido señaladas como no indígenas por parte del grupo mayoritario de la localidad. Ello, sin embargo, no impactaba directamente en la decisión de migrar, ya que otros miembros de la comunidad, wixaritari tradicionales por mencionarlo así, también han emprendido la ruta de la migración.

   En el caso de Herminia de Jesús, la socialización dentro del nuevo estilo de vida ocurre dentro de la familia y el grupo étnico, el cual busca espacios de socialización identitarios en el lugar de llegada "Los sábados y domingos los que somos coras nos juntamos en un parque y allí platicamos en nuestra lengua. Allá no me pongo mi vestido, sólo ropa mestiza" (Herminia, 2005).

5. **La obtención de una nueva cultura laboral**. Las mujeres migrantes no solamente migran entre espacios geográficos, sino que también lo hacen entre circuitos laborales. Así, pasan de ser jornaleras agrícolas o artesanas a trabajadoras de maquiladoras. El ritmo de trabajo utilizado por estas últimas, el acondicionamiento de horarios, rutinas laborales, formas de socialización, se asumen como parte de los nuevos aprendizajes que obtienen las mujeres en la migración. De ahí que el regreso a las comunidades de origen es percibido como un retroceso.

6. **La obtención de ingresos propios de manera regular**.
La periodicidad de la obtención de los ingresos (semanal
o quincenal) utilizado por las maquiladoras, introduce,
a su vez, cambios en el comportamiento de las mujeres,
en el estilo de vida, y en el estilo de gastar y/o ahorrar. La
seguridad que les proporciona saber que se encuentran
insertas dentro de lógicas de trabajo que les proporciona
horario para alimentos, transporte nocturno y sobre todo,
seguridad en el ingreso (aún cuando sea a corto plazo),
permite a las mujeres indias, planear un futuro, es decir,
tenerlo. Ello porque el ingreso permanente posibilita la
realización de planes de consumo, generalmente tendiente
a formar un patrimonio propio, el compromiso de asumir
deudas ya que se tiene la posibilidad de responder por
ellas y sobre todo, la posibilidad de influir en la toma de
decisiones entre los miembros del grupo doméstico. La
obtención del ingreso les permite tener un nuevo lugar en
el grupo social.

7. **La construcción de nuevas expectativas de vida
grupales**. El conjunto de condiciones en que ocurre la
estancia de migración de las mujeres, da por resultado una
valoración positiva no sólo para ellas individualmente, sino
para el conjunto del grupo. El éxito de las mujeres indias
migrantes, medido en tanto condiciones de vida del lugar
de origen y del lugar de llegada, se convierte en un factor
propiciatorio para la migración de nuevos miembros y aún,
de toda la familia.

"No voy a volver aquí, a la comunidad. Me voy a llevar
a mi hermana Maribel ahora que salga de la secundaria.
Ya casi todos estamos allá: Zenaida, Simona, mi
hermano y yo. Yo le digo a mi mamá que para qué se
queda. Cuando va allá con nosotros viene toda gordita,
aquí vuelve a adelgazar porque no tiene la misma
comida" (Ángela, 2004).

Las tragedias de la migración

Las mujeres indias viven en constante tragedia. Ello no significa que se convierta en algo normalizado dentro de sus vidas. Las hermanas Zenaida y Ángela de la Cruz, sufrieron un accidente en el cual perdieron el patrimonio que habían logrado acumular e incluso, un hijo de Ángela perdió la vida.

> "Se quemó la casa. Era un cuarto de cartón, de madera. Yo no me di cuenta, estaba trabajando de noche mucho tiempo y cuando nos avisaron pos ya era bien tarde, como a las 2:00 de la mañana. Y que pasó eso por acá, se quemó un terreno mío y se quemó el hijo de mi hermana. Y una tragedia de esas, mejor allá en mi casa.. Pos todo lo que tenía se quemó, pos para volver a empezar a comprar las cosas y todo, estaba difícil. Era volver a empezar…Lo poquito que tenía pos también se quemó porque no cargaba yo el dinero ahí lo tenia yo en mi casa" (Zenaida, 2005).

La pérdida de todo el patrimonio, de los ahorros celosamente guardados y la muerte del sobrino tuvieron el efecto inmediato de buscar refugio en la comunidad de origen. Zenaida regresó a la localidad en donde intentó buscar trabajo como cocinera en los restaurantes cercanos a la Presa de Aguamilpa, realizar costuras para tiendas de artesanía de la capital estatal o encontrar cualquier tipo de ocupación.

Los intentos por quedarse en la comunidad sólo la convencieron de que no obstante la tragedia sufrida, en Tijuana tenía más posibilidades de volver a empezar que en la propia comunidad. Por lo que empezó a realizar planes para emprender el camino de la migración. La comunidad de origen cerraba, de esta manera, las puertas para el regreso, ya que si vuelven, vuelven a la misma imposibilidad de trabajo y, por lo tanto, de vida.

"Yo sí trabajaba. Por eso trabajaba y me vine y ahora ya
me quiero ir para atrás. Aquí no hay nada, pos te digo.
No pues con las costuras no sale. No sale. Pos también
está bien aquí uno con sus hijos: van a la escuela y
vienen, y todo y así, está bien. pero, ¿de qué vamos a
vivir?... Si, me quiero regresar, allá también está el
trabajo. Hasta eso que cuando renuncié me dijeron que
si me presenta otra vez me daban trabajo pero con el
mismo sueldo. Tengo que ir ahorita Pos sí, si no se van a
olvidar de mí o cambian esos jefes y ya no me conocen"
(Zenaida, 2005).

La contradicción en que viven las mujeres indias entre quedarse
en la comunidad viendo crecer a los hijos o regresar a Tijuana
donde pueden ganar dinero para ese mismo crecimiento, se resuelve
a favor de lo segundo. Basta un corto tiempo en la comunidad para
cerciorarse de la imposibilidad del regreso.

Reflexiones finales: las que se van

La visión supuestamente neutra del observador científico
provocaba que las migraciones de mujeres fuesen vistas como meras
acompañantes del migrante, sin atender las particularidades en
tanto mujeres y aún más de mujeres indias. Hoy sin embargo, existe
una extensa bibliografía que permite tener nuevos acercamientos
a las migraciones femeninas y, en particular, a las migraciones
indias, ya sea que éstas ocurran como parte de una familia o como
decisiones de mujeres solas (Roque, 2000 entre otros).

A partir de la incorporación de mujeres investigando mujeres
se abrieron nuevas posibilidades de enfoque de los problemas de
las mujeres, pero lo más importante es el arriba a la inexistencia de
esencialismos pertenecientes a una forma abstracta de ser mujer.
Por el contrario, lo que se ha valorado es la necesidad de partir de
las formas de interpretación de los acontecimientos *a partir de las*

formas particulares como se han desarrollado las relaciones de género en cada grupo.

Las características de las mujeres indias migrantes, en particular su disposición a trabajar en cualquier tipo de trabajo, se convierten en una ventaja en el lugar de llegada, pero en una desventaja en el lugar de origen. En el lugar de llegada es una ventaja ya que el ingreso al trabajo de la maquiladora es valorada como una manera de acceder a un nuevo estilo de vida y de plantearse nuevas posibilidades de asumir la vida. Su situación de mujeres solas, lejos de convertirse en un estigma las convierte en una mano de obra deseable ya que se encuentran a disposición de los horarios de trabajo sin limitaciones conyugales. En cambio, en el lugar de origen, esa disponibilidad de la mano de obra femenina se convierte en una desventaja ya que las convierte en desocupadas. La imposibilidad de trabajar, en las comunidades de origen, las sitúa como *mujeres solas*, víctimas posibles de los códigos masculinos con que se califica a las mujeres, en particular, víctimas de la violencia masculina, de la que también huyen al migrar.

En el caso que nos ocupa, las particularidades de ciclo de vida y condición familiar de las mujeres indias, wixaritari o coras, así como la condición particular de etnia, permite entender las modalidades que asume la migración en los diferentes momentos de vida de las migrantes. En los tres casos, la migración les permite acceder a nuevos estilos de vida y sobre todo, de plantearse el futuro de manera diferente. A través de la migración, las mujeres adquieren mayores posibilidades de plantear futuros diferentes para ellas y sus familias.

Finalmente, no me queda más que agradecer la disponibilidad de Zenaida, Ángela y Herminia para llevar a cabo las entrevistas. Realmente las entrevistas fueron la parte citable de la experiencia de vida y migratoria de las entrevistadas, ya que la relación con las dos primeras se remonta a diez años antes lo que me ha permitido realizar las entrevistas en un clima de confianza mutua y además, contar con datos más allá de una mera observación de campo más.

Bibliografía

Gregorio, Carmen. 2002. "Mujer, española, blanca, rica…: Trabajo de campo en inmigración y relaciones de género, en *Las migraciones a debate. De las teorías a las prácticas sociales*, (Francisco Checa, editor), Icaria, Instituto Catalán de Antropología, Barcelona

Pacheco, Lourdes. 2005. "Remesas en comunidades indígenas de Nayarit. Uso de remesas por mujeres indígenas" en *Memoria del* Quinto Congreso Balance y Perspectivas del Campo Mexicano de la Asociación Mexicana de Estudios Rurales, A. C., Universidad de Oaxaca, (CD).

Roque María-Ángels (directora). 2000. *Mujer y migración en el Mediterráneo occidental. Tradiciones culturales y ciudadanía*, Barcelona.

Scott, Joan, 1996, "El género: una categoría útil para el análisis histórico", en *El*
género: la construcción cultural de la diferencia sexual, PUEG/Porrúa, México.

Entrevistas

De la Cruz, Ángela. 2004. Entrevista a mujer wirrárika migrante, Salvador Allende, octubre 13

De la Cruz, Zenaida. 2005. Entrevista a mujer wirrárika migrante, Salvador Allende, marzo 15

De Jesús, Herminia. 2005. Entrevista a mujer cora migrante, Jesús María, marzo 20.

CAPÍTULO 4

Hacia una desgenerización de la interculturalidad

Queremos ser indígenas y mexicanos.
Soy indígena y soy mujer, y eso es lo único que importa ahora...
Sufrimos el olvido porque nadie se acuerda de nosotras

Comandanta Esther, 28 marzo 2001

Introducción

El primero de marzo, en Tuxpan de Bolaños, una población *wixáritari* de la Sierra Madre Occidental, se llevó a cabo la festividad del Toro. Los *wixáritari* de la montaña cumplían con una costumbre ancestral, arraigada en el ciclo agrícola, la cual tenía por objeto sacrificar un toro y ofrecer su sangre a *Olíanaka*, la madre tierra, antes del inicio de la temporada de lluvias. Durante cinco días y sus noches los *wixáritari*, danzaron, comieron, bebieron, danzaron, comieron, bebieron. El toro, símbolo de la fuerza cuyo trabajo fertilizará la tierra, fue representado, cantado, bailado, regalado, comido, sudado.

En ese pueblo, sólo estaban los *wixáritari*. Las familias compuestas por hombres y mujeres de la montaña que se habían dado cita para llevar a cabo la festividad. Fuera de la festividad nada había, ni escuela, ni comercio, ni clínica; ninguna expresión del mundo mestizo ni de su burocracia. El tiempo era regulado por la fiesta. Los cantos del *marakame*, el sonido de los tambores, señalaba a la colectividad, el tiempo de comer, el tiempo de hablar, el tiempo de dormir.

La colectividad seguía el ritmo. Un topil (o policía) vigilaba que nadie se apartara de la fiesta. Todos debían estar ahí, presenciando el sacrificio de los toros-hombres. Llegó la luna y la comunidad seguía en su fiesta. El mugir del toro era llevado por el viento hasta el abismo, donde el eco lo repetía y lo ampliaba. Amaneció el frío de la montaña para encontrar a la población, reponiendo fuerzas para continuar la danza-festividad.

Solos, los indios de la montaña, hacían la costumbre para atraer las lluvias, para contribuir con los dioses de su cosmogonía, en la tarea sagrada de hacer surgir la vida, en el acto cósmico de sembrar.

En ese mundo tradicional, las mujeres participaban de la celebración desde el lugar social asignado por la tradición. Sentadas detrás de los varones que ostentaban el cargo, encerradas en sus identidades inmóviles de la reproducción biológica, hacedoras de la comida, cuidadoras de niños, acarreadoras de agua. La celebración como fiesta masculina, dejaba a las mujeres en los márgenes. Ellas eran las espectadoras del rito de ellos. Porque estaban en los márgenes estaban integradas. Era esa la forma en que las mujeres eran las ausente-.presentes.

En esas identidades de género inamovibles de la montaña, el paliacate de las mujeres indias y monolingües decía *Made in China*. Los hombres portaban teléfonos celulares junto a las varas tradicionales de mando. Poco a poco ampliamos la mirada para abarcar las señales de la globalización dentro de la celebración del rito.

Las globalizaciones y las interculturalidades

¿Qué implicaciones ejerce la globalización sobre la interculturalidad? ¿Qué implicaciones tiene la interculturalidad para las culturas locales, para las identidades? ¿De qué manera los lugares asignados a las mujeres y a los hombres son reforzados o cuestionados a partir de la globalización-interculturalidad? En este documento no se pretende agotar las respuesta, sino tan sólo aportar algunas reflexiones acerca de las implicaciones de la globalización-interculturalidad. Se parte de la hipótesis de que la globalización dispara las posibilidades de la interculturalidad, donde se pueden cuestionar los lugares asignados a lo masculino y lo femenino para pasar a una desgenerización de la interculturalidad.

La globalización es un fenómeno complejo, en el cual pueden identificarse tres ámbitos: 1) el primero se refiere al ámbito económico con la libre circulación de capitales y mercancías, 2) el segundo está dado por el ámbito de las comunicaciones que han conectado el tiempo real y el espacio y 3) el tercero, por la expansión de una forma de ver el mundo que se engarza sobre las concepciones anteriores del mundo.

¿Somos la primera generación del mundo globalizado? Cada generación, desde 1492 cuando ocurre la llegada de Colón a nuevas tierras, cuando ocurre la primera apertura del mundo, ha asistido a una forma diferente de globalización. Caminar a pie construyó la comunidad. El caballo construyó la región, el vehículo construyó el país, el barco acercó los continentes, el ferrocarril transpuso las fronteras, el avión construyó el mundo. Los medios de transportación han estado en la base de las sucesivas globalizaciones como forma a través de la cual se vehiculiza la posibilidad de abarcar, de conocer, de poner en contacto.

¿Qué es, entonces, lo característico de la globalización actual? La revolución de las comunicaciones y la informática ha dado lugar a la conjunción del avance tecnológico y su expansión por todo el globo terráqueo que muestra a la globalización como un fenómeno homogéneo, con centros delimitados, con propuestas de consumo material y simbólico similares, pero esa globalización tiene como destino a pobladores con culturas diversas construidas en un tiempo largo. A ello le vamos a llamar las culturas previas.

En el presente documento se entiende por cultura la comunidad de significados en que los seres humanos nacen y se socializan. La cultura se entiende como proceso continuo y como producto, como el principal mecanismo adaptativo que tenemos los humanos frente a la indeterminación genética respecto de las formas de vida, el sistema de relaciones y la forma de organizar la experiencia y el pensamiento (Carrasco, 2004). De ahí que cada cultura sea una propuesta de estar en el mundo. Desde este punto de vista, las culturas son aportaciones únicas, ya que contienen elementos que permiten a los seres humanos habitar un territorio y hacer de este habitar, un sentido. Teóricamente, no debería haber jerarquía entre las culturas, ya que se trata de invenciones a la aventura de la vida. De soluciones colectivas a problemas permanentes, de soluciones nuevas a necesidades del presente.

Sin embargo, esto no es así. En la historia lineal, la construcción de los Estados, en el siglo XIX se construyó bajo la consigna "Una Cultura, una Nación, una Patria", con lo que se invisibilizaron las distintas culturas existentes en los territorios nacionales en aras de homogeneizar una cultura, la que fue elevada por sobre las otras, como *cultura nacional*.

En el tercer milenio asistimos a la crisis del Estado-Nación, en un doble sentido: por una parte una cultura, la occidental, se sobrepone a las culturas nacionales para convertirse en una cultura trasnacional tanto en el estilo de vida como en la configuración de los imaginarios. Decir globalización es decir occidentalización del mundo. Por la otra, la insatisfacción de las demandas de los portadores de las distintas culturas locales, al interior de los Estados-Nación, rebasa las posibilidades de respuesta del Estado construido con una visión de cultura única. Inicia, entonces, la configuración de procesos sociales, como gérmenes de un nuevo tipo de sociabilidad, donde el estado, simplemente, no está, en ocasiones, porque nunca ha estado. Surgen nuevas formas de socialización sin el Estado.

¿Cómo impactan la globalización y las culturas? La globalización y las culturas tienen dos ámbitos de encuentro o de trastocamiento: El primero está dado por los procesos migratorios. El segundo está dado por la expansión de los medios de comunicación desde un territorio a territorios diversos. En el primero ocurre una reterritorialización de la cultura, en el segundo una desterritorialización.

1) A través de las migraciones, los portadores de distintas culturas se trasladan a territorios donde impera otra cultura y ahí rehacen la propia. Los derechos reconocidos por las Naciones Unidas, especifican el derecho de cada pueblo a conservar la cultura propia, por lo que las migraciones marcan un reto para la globalización homogeneizante, en educación, integración, servicios, etc. El desafío de una "política de reconocimiento" como iguales es el desafío de la política y de las acciones de estado. En los lugares de llegada, los migrantes rehacen su cultura, independientemente del territorio donde surgió.

2) A través de la comunicación, los habitantes de diversos territorios son los destinatarios de los contenidos culturales de los centros hegemónicos de la globalización occidentalizada. Los contenidos, entonces, se reterritorializan ya que las culturas locales generan procesos de redefinición de los grandes relatos que les dieron sustento: el relato histórico, religioso, sanitario (Ortiz, 1998). El contexto en que hoy se reproducen las culturas locales es el de la globalización de las comunicaciones, en la confrontación, adaptación de los diversos relatos.

En cualquier caso, la globalización introduce un principio de oposición. Ya sea que los migrantes se trasladen a los centros hegemónicos y con su presencia cuestionen la mismidad de la cultura central o que los mensajes sean recibidos en las comunidades locales y por eso mismo introduzcan un principio de antagonismo. De ahí que la globalización no avance de manera homogénea. Ni todo se globaliza ni lo que se globaliza adquiere los mismos significados en los distintos lugares ni para todos los pobladores. Lo que sí posibilita la globalización es una nueva forma de interrelación entre regiones e imaginarios, estados nacionales, organismos internacionales, comunidades locales (Sierra, 2002). Todo ello a partir de la hegemonía del capital y del mercado.

La interculturalidad

La globalización ha hecho evidente la existencia de distintas culturas que ya no se encuentran distantes ni en el tiempo ni en el espacio. La globalización propone la interculturalidad como solución pero esconde la asimetría entre las culturas. De ahí que las propuestas de interculturalidad se queden en expresiones de buena voluntad si no se parte del reconocimiento de la desigualdad entre las propias culturas y a sus portadores. No se puede, hablar de globalización e interculturalidad si no se alude a las formas desiguales en que cada cultura se relaciona con la otra.

El término interculturalidad alude a un nuevo horizonte de significados fuera del etnocentrismo de la sociedad occidental. No es sólo el reconocimiento y aceptación de las culturas en planos de igualdad, sino a la posibilidad de construcción de comunidades dialógicas entre las distintas culturas, siempre y cuando todas las culturas tengan las mismas posibilidades de permanencia y desarrollo. El requisito previo para ello, es partir del reconocimiento de la asimetría entre las culturas.

Globalización, interculturalidad y género

Pueden identificarse las siguientes interacciones entre globalización, interculturalidad y género:

1. Nuevas relaciones sociales al interior de las familias que muestran nuevas relaciones entre los géneros,

2. El conocimiento de otras formas de construir la familia en donde los miembros asumen roles distintos a los tradicionales,

3. Papeles asumidos por las mujeres en diferentes contextos, donde el lugar dentro de la familia es uno de los papeles posibles, pero la apertura a asumir cada vez nuevos y diferentes roles, se establece como posibilidades reales,

4. Soluciones personales a problemas colectivos diferentes a las soluciones establecidas dentro de la tradición,

5. Acercamiento a mensajes de justicia social y derechos humanos donde los derechos de las mujeres tienen un papel central o al menos, cuestionan el papel previo,

6. Modificación, o al menos cuestionamiento, del discurso patriarcal sobre el cuerpo, el destino, el futuro

No obstante lo anterior, persiste una carencia de representación de las mujeres de culturas subordinadas en los procesos de globalización. Las mujeres no se convierten en interlocutoras de la sociedad globalizada. La ampliación de la globalización, por sí sola, no mejora la capacidad económica ni la calidad de vida de las mujeres, ya sea que sean parte de las corrientes migratorias o continúen como pobladoras de sus territorios. Mucho menos las construye como actoras sociales.

En cuanto a la globalización, en su fase de acceso y participación en las nuevas tecnologías, la participación de las mujeres es desigual y desfavorable. Ello es aún más grave si se toma en cuenta que actualmente, el acceso a la información y conocimiento se convierten en posibilidades de acceso al poder real y simbólico.

El Internet y las nuevas tecnologías, presentan a su vez, dos fases: la primera es actuar como reflejo virtual de la situación real donde las mujeres son perpetuadas en su condición de subordinación y la segunda, como posibilidad de establecer encuentros que de otra manera no serían posibles.

La estructura de dominación/subordinación ha encontrado diversos medios para perpetuarse. El control del Internet es, hoy, uno de los vehículos de legitimación patriarcal, en los que se muestra una imagen estereotipada de la mujer y donde las posibilidades de trabajo para las mujeres, del tipo hot line o teletrabajo, se fundan en la condición previa de las mujeres y contribuyen al mantenimiento de las mujeres en el ámbito privado donde, se argumenta, pueden conciliar la vida laboral y la familiar en un proceso de involución (Justo, 2005)

En el segundo sentido, las nuevas tecnologías de la información y la comunicación pueden facilitar el acceso a la información, la circulación entre mujeres y posibilitar el activismo. En cierto sentido, pueden contribuir a generar espacios seguros de debate entre las mujeres que tienen acceso a ellas, generar nuevas solidaridades y convertirse en foros de denuncia de la situación de las mujeres. Ello ha ocurrido en temas como la violencia de género y los reclamos por leyes menos inequitativas en distintos países del mundo. En todo ello, las redes permiten elaborar denuncias, construir solidaridades y, en general, establecerse como espacios de identificación y de comunicación de mujeres que antes carecían de esas posibilidades.

No debe perderse de vista que el acceso a las NTIC se realiza como una superposición a las desigualdades previas de clase, etnia y género. De ahí que la promoción del acceso de mujeres, niñas y organizaciones de mujeres a las nuevas tecnologías, sea parte de una estrategia de promoción de acceso equitativo.

Interculturalidad y pueblos indios

En México, la interculturalidad inicia por el reconocimiento a los pueblos indios. Si bien el diálogo sociedad mestiza-pueblos indios no agota la interculturalidad, en el caso de los países latinoamericanos, la interculturalidad inicia en este ámbito.

La lucha por el reconocimiento de los pueblos indios ha introducido en las mujeres indias una contradicción: por una parte, participar en la defensa de los derechos del pueblo, y por la otra, cambiar el lugar asignado por la costumbre, porque las relaciones intergénero al interior de los pueblos indios son asimétricos, lo cual deja a las mujeres y a las niñas en indefensión frente a los varones del grupo. Son los varones quienes disponen de la vida, el cuerpo, el tiempo, el destino, de las niñas y mujeres. A lo largo de su crecimiento biológico, ellas quedarán en permanente tutela de los varones. No podrán participar de los cargos de autoridad, ya que viven en sistemas organizativos masculinos y gerontocráticos.

"Como somos niñas piensan que nosotros no valemos, no sabemos pensar, ni trabajar, como vivir nuestra vida. Por eso muchas de las mujeres somos analfabetas, porque no tuvimos la oportunidad de ir a la escuela. Ya cuando estamos un poco grande nuestros padres nos obligan a casar a la fuerza, no importa si no queremos, no nos toman consentimiento. Abusan de nuestra decisión, nosotras como mujer nos golpea, nos maltrata por nuestros propios esposos o familiares, no podemos decir nada porque nos dicen que no tenemos derecho de defendernos…Nosotras las mujeres indígenas no tenemos las mismas oportunidades que los hombres, los que tienen todo el derecho de decidir de todo" (Comandanta Esther, 2001).

En general, se encuentran bajo el poder del jefe de familia ya sea el padre dentro de la familia a la que pertenecen de solteras o al jefe de la familia del esposo cuando se casan. En algunas comunidades, los matrimonios jóvenes viven en la casa paterna del esposo. Por ejemplo en las comunidades *wixáritari* del Occidente del país, la nueva esposa trabaja de uno a cinco años en casa de los padres del esposo como una especie de pago. Después de ese periodo la pareja puede escoger en el lugar en que vivirán (Pacheco, 2003).

Las mujeres son dadas en matrimonio desde muy chicas, a los doce o trece años, pero habitualmente son apartadas por los padres del novio desde edades más tempranas. El matrimonio arreglado por los padres se convierte en una de las principales fuentes de violencia contra las mujeres:

"Crecí con la ira; me "vendieron" a los 13 años a uno de 28; sufría mucho, me pegaba, me maltrataba, me amenazó a matar. Si uno denuncia al marido, él le va a castigar, se castiga a la mujer, no al hombre. El mundo para la mujer es cerrado" (Testimonio de mujer mixteca en Maier, 2003:140)

La discriminación de las niñas provoca abandonos del sistema escolar:

"...al principio no querían dejar estudiar a las jovencitas por ideas arcaicas, de que se casaban o que eran para el hogar " (González Arcadia, 2004).

"Lucrecia le ayudaba a su padre a cortar chile y jitomate. Era muy buena para eso y su papá no la dejaba ir a la escuela. Su papá consideraba que no servía para la escuela. El le dijo que no le permitiría estudiar, ya que la escuela sólo era para niños inteligentes y no para "burras" como ella. También le dijo que ella era buena para trabajar y por lo tanto, para ganar dinero" (Martínez, 2005)

El abandono de la escuela, vinculado al temprano ingreso a la reproducción auspicia el monolingüismo de las mujeres y su alejamiento definitivo de la instrucción. Ambos factores van a ser parte de las marcas de las desventajas de género frente a los hombres del grupo y frente a la sociedad mestiza.

Violencia de género en los usos y costumbres

La conservación de los roles de género tradicionales y rígidos entre los pueblos indios ha sido uno de los pilares de la conservación de la cultura tradicional, pero también, de la perpetuación de un sistema de indefensión de las mujeres indias. El sistema legal del Estado mexicano así como los programas compensatorios como Progresa-Oportunidades, han jugado un papel de reforzadores de los roles de género dentro de las etnias.

Entre la violencia contenida en la costumbre se distinguen las siguientes[4]:

Violencia contra la voluntad. Los padres son los dueños de sus hijas, por eso es permitido que las regalen a otros hombres, intercambiar por cervezas, por curaciones, etc.

Violencia física. Las mujeres son constreñidas por la fuerza a asumir el papel asignado por la costumbre. Las mujeres carecen de posibilidades de defensa al interior de la costumbre.

Violencia simbólica: En nombre de la costumbre, avalado por los dioses a través de los cantadores, las mujeres son obligadas a aceptar decisiones sobre sí, sobre sus hijas.

Actualmente, las mujeres integrantes del movimiento del Ejército Zapatista de Liberación Nacional (EZLN) han iniciado una lucha doble: por una parte, por el respeto de los pueblos indios y por la otra, por el cambio de los lugares asignados a las mujeres y los hombres, dentro de esos usos y costumbres. La lucha por la autonomía de los pueblos indios ha conducido a tomar conciencia de su propia situación (Jiménez, 2003). En ello, las mujeres indias se debaten entre la conservación de los valores comunitarios y la revaloración de su identidad de género, su lugar dentro del grupo.

Los usos y costumbres, si bien es la base de la autonomía de los pueblos indios, tampoco son reglas fijas e inamovibles (EZLN, 1993). Por el contrario, los pueblos indios tienen sus propios procesos de cambio, signados por la tradición y la costumbre. La autonomía hoy debe fundarse en principios incluyentes entre los distintos miembros donde se tome en cuenta el sexo y la edad.

La interculturalidad generizada

Hasta hoy, los teóricos de la interculturalidad se han referido a ella como el reconocimiento de culturas iguales. Sin embargo, es preciso plantear la desgenerización de la interculturalidad. ¿Es ello

---

[4]   En base a la situación de las mujeres de los grupos *wixáritari* y cora de la Sierra del Nayar

posible? Las leyes que regulan la globalidad y la interculturalidad son presentadas como leyes inevitables y con ellas, se procede a un nuevo tipo de naturalización.

En la interculturalidad generizada, las relaciones entre lo masculino y lo femenino no se cuestiona, sino que las culturas, con los lugares asignados a los hombres y las mujeres, se convierten en los nuevos referentes de autonomía y respeto. Gran parte del discurso contemporáneo de interculturalidad es que supone conceptos de identidad colectiva sin conflictos al interior de los grupos culturales. Reduce la identidad cultural como algo simple y unidimensional, una imposición de identidades fijas y normativas.

Para las mujeres, el interculturalismo se presenta como la sociedad trasnacionalizada de la posmodernidad, que bajo otro rostro, perpetúa los lugares subordinados de las mujeres y otros grupos excluidos. En nombre del respecto a las diferencias culturales, inmoviliza los lugares sociales de los subordinados. En este caso de las mujeres, de los indios, de los otros excluidos. La sociedad intercultural generizada señala las diferencias culturales particulares pero pierde de vista el conjunto del sistema como articulación no sólo de diferencias, sino de desigualdades.

En el plano teórico, la interculturalidad generizada es una ideología que convierte en perdurable la desigualdad entre los géneros en aras de "respeto a las culturas". Desde este punto de vista, el derecho a la diferencia (cultural) se convierte en una permanente desigualdad.

Sería preciso pasar a una interculturalidad desgenerizada capaz no sólo de cambiar el etnocentrismo de la globalización, sino también el lugar central que el varón ha tenido en ese paradigma. Rescatar la identidad genérica femenina como identidad colonizada dentro de las culturas patriarcales ya que la identidad de las mujeres ha sido fabricada de acuerdo a los sistemas de dominación masculina. La interculturalidad desgenerizada requiere convertir el espacio de la política en un espacio ético-político que permita (garantice, asegure, posibilite, impulse) una desidentificación de las identidades genéricas. Despojar a las mujeres de su piel de mujeres y a los hombres de su piel de hombres.

Reflexiones finales

Cuando esperábamos la avioneta para salir de la montaña, una mujer *wirrárika* nos alcanzó. Nos pidió sacarle una ficha a su hija para que estudiara en la universidad en el siguiente ciclo escolar. La hija, estaba terminando la preparatoria indígena y quería continuar en la universidad. Si lo hacíamos teníamos que avisarle con suficiente tiempo, porque debido al aislamiento en que se encuentra la comunidad, haría tres días de camino de la montaña a la ciudad.

En la geografía globalizada es más fácil viajar de Londres a Tepic que de Tuxpan de Bolaños a Tepic. La globalización acerca los territorios incluidos en el circuito de las mercancías mientras que la interculturalidad marca las diferencias. A lo lejos escuchábamos los últimos mugidos de los hombres-toro en su tenacidad de sembrar la sangre, el sudor, como ofrendas masculinas para hacer surgir la vida. Mientras, una niña de la montaña preparaba sus pasos para salir, acomodaba sus sueños para emprender otros caminos. En ello, era ayudada por las mujeres de la tradición que se quedaron encerradas en la interculturalidad a la mexicana.

Bibliografía

Carrasco, Silvia. 2004. "La comunicación intercultural. Interculturalidad, educación, comunicación" en *Estudios interculturales*. Textos básicos para el fórum 2004, Universidad Autónoma de Barcelona. http://www,blues.uab.es/incom/2004/cas/carrcas.html (consultado enero 3 de 2006)

Comandanta Esther. 2001. "Queremos ser indígenas y mexicanos". Mensaje central del Ejército Zapatista de Liberación Nacional (EZLN), pronunciado por la comandanta Esther el miércoles 28 de marzo de 2001, en el Palacio Legislativo de San Lázaro en *La Jornada*, marzo 29, México.

De la Cruz, Zenaida. 2005. *Entrevista a mujer wirrárika migrante*, Salvador Allende, marzo 15

EZLN. 1993. "Ley Revolucionaria de Mujeres Zapatistas", en *El Despertador Mexicano*, 1º de marzo de 1993

González Arcadia, María del Carmen. 2005. "Experiencia", Testimonio participante en la *Cuarta Convocatoria Educación y perspectiva de género*, SEP-CONAFE-Instituto Nacional de las Mujeres, Nayarit

Jiménez, Cándida. 2003. "Les traigo una historia de lucha de hombres y mujeres indígenas que aún tenemos sueños y esperanzas de construir un mundo de igualdad, equidad y justicia, en *Memoria*, Revista Mensual de Política y Cultura, Cemos (Centro de Estudios del Movimiento Obrero y Socialista) no. 174, agosto de 2003, México, pp 58-64

Justo Suárez, Cristina. 2005. "El feminismo frente a las nuevas tecnologías de la información y la comunicación", pp 699-717

Maier, Elizabeth. 2003. "Migración y ciudadanía femenina indígena: cuerpos desplazados y la renegociación diaria del sujeto femenino", en Bonfil, Paloma.y Elvia Martínez (coordinadoras), *Diagnóstico de la discriminación hacia las mujeres indígenas*, México, CDI: 115-150.

Martínez Herrera, María del Rosario. 2005. "Ave cautiva", Testimonio participante en la *Cuarta Convocatoria Educación y perspectiva de género*, SEP-CONAFE-Instituto Nacional de las Mujeres, Nayarit

Ortiz, Renato. 1998. *Otro Territorio- Ensayos sobre el mundo contemporáneo.* Convenio Andrés Bello, Bogotá.

Pacheco, Lourdes. 2003. "Mujeres indígenas, discriminación y usos y costumbres", en Bonfil Sánchez, Paloma.y Elvia Rosa Martínez Medrano (coordinadoras), *Diagnóstico de la discriminación hacia las mujeres indígenas*, México, CDI:33-50

Sierra, Luis Ignacio. 2002. "Globalización, multiculturalismo y comunicación. Paradojas y debates" en *Diálogos de la comunicación*, Bogotá, Colombia. 2002.

.